Analyse financière

De l'interprétation des états financiers
à la compréhension des logiques boursières

Éditions d'Organisation
1, rue Thénard
75240 Paris Cedex 05

Consultez notre site :
www.editions-organisation.com

Collection les mémentos finance
dirigée par Jack FORGET

Analyse financière

De l'interprétation des états financiers
à la compréhension des logiques boursières

Jack FORGET

Éditions
d'Organisation

Du même auteur, chez le même éditeur

Gestion Budgétaire

Dynamique de l'amortissement

Gestion de trésorerie

Financement et rentabilité des investissements

Sommaire

Chapitre 3

Comment les analystes interprètent-ils les états financiers ? 83

Chapitre 4

Comment les investisseurs financiers valorisent-ils les actions ? 139

Chapitre 5

Comprendre les dynamiques économiques et financières sur la longue durée 191

L'analyse financière : quel enjeu ?

Interpréter les documents comptables et financiers pour évaluer les équilibres de l'entreprise

Abyssus abyssum invocat
L'abîme appelle l'abîme
(Expression figurée empruntée à un psaume de David)

Dans le champ de la gestion financière, l'analyse financière se rapporte à l'interprétation des états financiers de l'entreprise. Elle vise à la compréhension en profondeur des équilibres et des dynamiques financières de l'entreprise. Mais cet exercice d'interprétation des documents financiers de l'entreprise obéit à plusieurs logiques selon les finalités qu'elle poursuit.

L'analyse financière appliquée aux actions ne poursuit qu'un seul objectif : déterminer la capacité bénéficiaire future de l'entreprise.

Afin de disposer d'informations suffisamment fiables (même s'il ne s'agit que d'anticipations), il faut collecter les données fondamentales permettant d'anticiper la rentabilité future de l'entreprise.

La finalité de l'analyse financière est de sélectionner les actions présentant les meilleurs potentiels d'appréciation de leur rentabilité. Le métier d'analyste financier se distingue, en conséquence, de celui d'auditeur qui vérifie la validité des comptes et de celui du banquier qui s'intéresse principalement à la solvabilité future de l'entreprise. Il se rapproche, en revanche, de la fonction que les agences de notation assument, le *rating* des emprunteurs s'appuyant à la fois sur les notions de rentabilité et de solvabilité.

L'analyse financière est une expertise qui requiert des compétences techniques spécifiques.

L'objectif de cet ouvrage, toutefois, n'est pas qu'une simple initiation à une technique qui, pour être maîtrisée de manière approfondie, supposerait des développements en comptabilité financière, en techniques actuarielles et en droit des sociétés qui excèdent largement son cadre.

Cet ouvrage s'adresse à l'ensemble des parties prenantes à la vie de l'entreprise. Son niveau de technicité est strictement limité aux notions prérequises nécessaires pour analyser des états financiers. En revanche, il se propose de mettre en perspective les dysfonctionnements, voire les scandales financiers, qui ont défrayé la chronique boursière ces dernières années.

Un premier chapitre traite de *l'information financière et comptable*. Elle constitue la matière première que l'analyse financière se propose d'interpréter. Sa qualité et sa fiabilité déterminent tous les commentaires qu'elle est susceptible de susciter. Or, les dysfonctionnements récents constatés sur les marchés financiers ont révélé une véritable crise de l'information financière et comptable.

Le deuxième chapitre se rapporte à *l'analyse stratégique appliquée à l'analyse financière*. Les états financiers ne sont que la traduction financière des performances économiques de l'entreprise. Une compréhension approfondie de leurs significations repose d'abord sur la compréhension des activités de l'entreprise, de ses métiers et de leurs logiques. Une analyse financière prospective doit prendre en compte les perspectives de croissance à long terme de l'entreprise.

10

Le troisième chapitre se réfère à *l'interprétation des états financiers.* Elle se situe au cœur même de l'analyse financière. La méthode des ratios est celle qui est la plus répandue pour rendre compte des grands équilibres financiers à partir de quelques indicateurs significatifs. Elle constitue le préliminaire indispensable pour mener une évaluation des entreprises. La pluralité des méthodes mises en œuvre indique que la valorisation d'une entreprise est un processus complexe qui peut conduire à des résultats divergents, surtout si elle est combinée avec une analyse boursière.

Le quatrième chapitre a trait à *l'évaluation boursière des entreprises.* La valorisation des actions dépend d'un nombre plus important de paramètres, mais beaucoup plus incertains, que les autres catégories de créances. L'évaluation de leur prix relatif se confond en grande partie avec l'évaluation de la rentabilité prévisionnelle des entreprises qui les émettent, et donc correspond à la finalité première de l'analyse financière.

Le cinquième chapitre essaie de redéfinir *les critères boursiers* de gestion au vu de la chronique boursière de la dernière décennie : à la formation de la bulle boursière durant la seconde partie des années quatre-vingt dix a succédé un krach rampant à partir de l'an 2000 et une phase consécutive de stagnation des cours boursiers. Il est vrai que l'on a constaté historiquement qu'après la résorption des bulles spéculatives, les cours des actifs tendent à stagner pendant une période de temps assez longue.

En conclusion, quelques enseignements seront tirés de *la crise boursière* que vient de traverser la quasi-totalité des pays développés. Toute crise est salutaire au sens où elle contraint les agents économiques à prendre conscience des dilemmes auxquels ils sont confrontés, et à se remémorer les principes fondamentaux qui sous-tendent les phénomènes économiques.

Face à la généralisation d'un endettement de moins en moins con-trôlable, l'inflation peut apparaître comme une solution pour alléger la valeur réelle des créances. Les retraites par capitalisation ont, par ailleurs, profondément modifié les règles du jeu boursier.

Le rôle des analystes financiers est redevenu essentiel dans un contexte dans lequel l'évolution des marchés n'est plus guidée par un trend haussier ou baissier, mais est soumise à de fortes incertitudes.

La reconfiguration de l'actionnariat a permis de transférer le risque en capital à de nouveaux agents économiques. Enfin, le retour au principe de réalité a été précipité par les récentes tensions géo-politiques, par les incertitudes liées à la situation du secteur énergé-tique et par l'inégal accès des différentes catégories d'acteurs économiques aux innovations technologiques.

Chapitre 1

Comprendre le débat sur l'information financière et comptable

Non omne quod licet honestum est
Tout ce qui est autorisé n'est pas forcément honnête
(Adage juridique emprunté au droit romain)

L'analyse financière n'est pas réductible à un exercice d'interprétation des données comptables et financières contenues dans les états financiers des entreprises qui les publient. C'est une discipline à part entière qui combine l'étude des comptes, l'analyse des activités de l'entreprise, l'évaluation de son positionnement stratégique et de son évolution, ainsi que l'examen de son parcours boursier, si du moins, elle fait l'objet d'une cotation.

L'analyse financière est donc l'étude d'une entreprise par un observateur extérieur à celle-ci, qu'il s'agisse d'un investisseur potentiel (achat d'actions ou souscription à une augmentation de capital), qu'il s'agisse d'un banquier (proposition de crédits), qu'il s'agisse d'un créancier (octroi d'un délai de paiements) ou de toute entité ayant le droit de connaître la situation financière d'une entreprise (comité d'entreprise, collectivité publique).

1. Saisir le rôle de l'analyse financière

L'analyse financière est un exercice d'interprétation mené par une personne extérieure à l'organisation, ou du moins par des personnes ne disposant pas de l'ensemble des informations relatives à la situation financière et stratégique de l'entreprise. Il n'existe pas, à proprement parler, d'analyse financière interne dans une entreprise. Elle se justifie, donc, par l'existence d'asymétries d'informations. L'hypothèse de marchés purs et parfaits dans lesquels l'information serait diffusée gratuitement et de manière instantanée à tous les agents économiques est parfaitement irréaliste.

1.1 Les différents agents économiques n'ont pas accès aux mêmes niveaux d'informations

Il est possible d'établir une typologie des agents économiques en fonction des niveaux d'informations auxquels ils ont accès :

- Les organes dirigeants de l'entreprise ont, en théorie, à leur disposition l'ensemble des informations relatives à l'entreprise. Ils sont les mieux informés et peuvent surtout demander aux services d'audit internes et à des sociétés d'audit externes de leur procurer les informations nécessaires concernant une partie de l'entreprise ou une de ses activités. Ainsi peuvent-ils susciter la génération d'informations supplémentaires permettant de connaître la situation d'entités spécifiques de l'entreprise. En principe, ce sont les personnes disposant de la meilleure connaissance du système organisationnel dont ils ont la responsabilité.

- Les experts financiers extérieurs disposent d'informations privilégiées sur la situation financière des entreprises. Il s'agit des commissaires aux comptes, des banquiers, des conseils en gestion financière et des analystes financiers. Les informations qu'ils détiennent sont destinées :

- soit à les aider à prendre des décisions de financement (octroi de moyens de financement propres ou empruntés),

- soit à permettre à des tiers d'être informés de la validité des informations financières qui font l'objet d'un diffusion publique (certification des comptes par les commissaires aux comptes) et de la solvabilité des emprunteurs (rating délivré par les agences de notations).

Les informations auxquelles ces experts ont accès excèdent de loin les informations que les dirigeants de l'entreprise sont tenus de communiquer à des tiers.

La troisième catégorie se compose des acteurs ne disposant pas d'informations privilégiées, mais pouvant fonder leurs jugements au vu des informations communiquées par les entreprises et dont la validité est garantie pour les experts financiers. Cette catégorie d'acteurs est en général la dernière et la plus mal informée. Elle ne bénéficie pas uniquement des informations qui doivent faire l'objet d'une transmission légale, mais elle a souvent accès aux autres types d'informations après qu'elles ont été portées à la connaissance des experts financiers.

Les actionnaires ne disposant d'aucun accès privilégié aux informations financières appartiennent à cette catégorie. Ils ne sont *de facto* guère mieux informés que les acteurs étrangers à l'entreprise qui, désireux d'accroître leurs connaissances sur une entreprise donnée, consentent aux efforts nécessaires pour acquérir les informations disponibles sur la place publique (autrement dit, celles qui sont véhiculées par les moyens de communication auxquels le grand public a accès, pour autant qu'il consacre assez de ressources pour les acquérir).

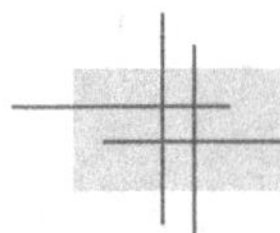

Le cas des administrations publiques

Il convient d'exclure de cette typologie les administrations publiques qui sont destinataires de certaines informations particulières (en particulier les administrations fiscale et sociale, ainsi que les organes de régulation des marchés financiers), mais qui sont tenues à l'obligation de confidentialité.

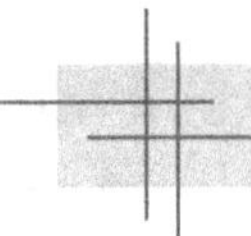

Un système opaque

La théorie moderne de la firme se réfère fréquemment aux asymétries d'informations et à leur corollaire, la théorie de l'agence, pour illustrer l'imparfaite diffusion de l'information au sein des entreprises et entre celles-ci et leur environnement. En réalité, tout système organisationnel est, par essence, opaque.

1.2 Toute information doit être soumise à un examen critique

C'est moins vers les approches microéconomiques qu'il faut se tourner pour trouver des solutions aux imperfections caractérisant les marchés que vers la sociologie des organisations. Tout acteur doit en permanence s'interroger sur la validité des informations qui lui sont communiquées, auxquelles il a accès, qu'il cherche à se procurer par ailleurs, et enfin qui sont portées à sa connaissance de manière imprévue, non intentionnelle ou purement fortuite. Toute information reçue ou obtenue doit être soumise à un examen critique approfondi afin d'en déterminer la véracité.

Les principaux paramètres concernant toute information sont les suivants :

■ étude du mode d'obtention de l'information (nature et crédibilité de la source, diffusion intentionnelle ou aléatoire, caractère obligatoire ou facultatif de sa génération) ;

■ vitesse de diffusion de l'information (date à laquelle l'information est produite, communiquée et analysée) ;

■ niveau de diffusion de l'information (ensemble des acteurs auxquels l'information est communiquée délibérément, ensemble des acteurs pouvant y avoir accès par des biais indirects) ;

■ valeur logique de l'information (probabilité de vraisemblance ou d'invraisemblance, degré de cohérence et de contradiction avec les informations déjà connues) ;

■ valeur de pertinence de l'information (utilité de l'information pour les différents acteurs en fonction de leur position au sein de l'organisation et de leur situation professionnelle) ;

■ valeur intrinsèque et contextuelle de l'information (analyse des contenus, des conséquences économiques et des circonstances dans lesquelles l'information a été reçue ou obtenue).

De surcroît, il convient d'étudier une information nouvelle qui s'ajoute au stock des informations déjà connues. Tout processus d'information est de nature incrémentale : toute information marginale doit être étudiée à la lumière des données déjà validées.

1.3 Le rôle d'interprétation de l'analyste financier

Dans les développements qui suivent, le point de vue adopté sera celui de l'analyste financier qui cherche à obtenir le maximum d'informations pertinentes et fiables pour estimer la rentabilité prévisionnelle d'une entreprise. En effet, il a pour fonction de traiter, de sélectionner et d'étudier l'information qu'il reçoit ou obtient à propos des entreprises. Il fait fonction en quelque sorte d'interprète.

L'analyse financière la plus détaillée et la plus complète est celle qu'un investisseur potentiel doit mener pour décider ou non d'acquérir des actions de cette société.

Les analyses menées par les autres parties prenantes sont généralement moins approfondies, d'autant qu'elles répondent à des objectifs plus parcellaires :

- Le banquier s'intéresse principalement à la capacité de remboursement future de l'entreprise ;

- Le comité d'entreprise se focalise principalement sur la pérennité de l'entreprise et sur le bien-fondé des décisions prises en matière de gestion de personnel ;

- Les créanciers se préoccupent davantage de sa solvabilité à court terme, afin de déterminer la durée des délais de paiement qu'ils peuvent lui accorder ;

- Les objectifs des collectivités publiques sont plus diversifiés. Elles peuvent s'intéresser à la viabilité financière de l'entreprise pendant une durée déterminée, si elles décident de cofinancer un projet présentant un caractère d'intérêt général. Plus généralement, elles sont garantes du développement économique du territoire qu'elles administrent et doivent donc veiller à la pérennité des entreprises qui y sont implantées et chercher à en attirer de nouvelles.

2. Prendre la mesure de la crise de l'audit externe

2.1 Le nécessaire repositionnement des cabinets d'audit

A – Une dangereuse situation d'oligopole ?

En deux décennies, le nombre de firmes d'audit susceptibles d'effectuer le contrôle externe des comptes des entreprises multinationales cotées est passé de plus de dix à quatre, depuis la disparition du Cabinet Arthur Andersen suite au scandale de la société Enron. Ces quatre firmes d'audit (ou plus exactement leurs succursales dans les pays concernés) vérifient les comptes d'environ les neuf dixièmes des plus grandes entreprises mondiales cotées.

Peu de secteurs dans le domaine des services connaissent un tel degré de concentration. Cette structure oligopolistique est, par ailleurs, trompeuse, car selon les branches d'activités, ce sont deux, voire trois, sociétés d'audit qui sont spécialisées dans les entreprises appartenant à ceux-ci.

Certes, il est souvent prévu dans les statuts d'une entreprise que le mandat des commissaires aux comptes doive être limité dans le temps. La rotation des firmes d'auditeurs ne doit pas faire illusion, dans la mesure où les spécialistes de certaines grandes entreprises multinationales ou de certains secteurs peuvent changer d'employeurs au gré de la répartition des mandats entre firmes d'audit à l'assise mondiale.

B – Du simple contrôle peu rémunérateur...

Il faut bien comprendre le défi auquel les firmes auditant les grandes entreprises multinationales sont confrontées. L'établissement des documents financiers est l'activité à plein temps de services entiers de ces entreprises. Si les sociétés d'audit externe devaient vérifier de manière exhaustive leur comptabilité, elles devraient refaire leur travail, et cela en quelques semaines avec des effectifs beaucoup plus réduits.

Il est évident que cette tâche est hors de portée des auditeurs externes. Ils doivent donc développer des méthodologies spécifiques leur permettant de vérifier que les comptes ont été établis en conformité avec les normes comptables. Les méthodes par sondage sont les mieux appropriées, ainsi que le contrôle approfondi de certains domaines sensibles ou problématiques.

Il est exclu de toute manière qu'ils opèrent une vérification systématique et exhaustive pour des raisons matérielles et d'efficacité. La solution la plus simple consiste à ce qu'ils ne contrôlent que les événements les plus importants qui sont survenus d'un exercice sur l'autre. Cette approche marginaliste est la plus économiquement rentable, car elle permet de tirer profit des expériences que les auditeurs externes ont capitalisées à propos d'une entreprise donnée.

La question de la valeur ajoutée effective qu'apporte la certification des comptes est en effet posée. S'il s'agit de refaire les opérations d'enregistrement comptable et de contrôler les systèmes informatiques qui produisent les états financiers, alors il est évident que la valeur ajoutée est faible. Les contrôles par sondages sont largement suffisants.

Or, la finalité première du commissariat aux comptes est bien de s'assurer que les comptes ont été établis conformément au droit comptable en vigueur. Le commissaire aux comptes n'est pas un conseiller fiscal dont les conseils permettent de tirer le meilleur profit des dispositions du droit fiscal. Il n'est pas non plus un expert en innovations financières devant proposer des solutions pour leur montage juridique et pour leur comptabilisation. Au sens strict du terme, il n'est qu'un contrôleur de la comptabilité des entreprises, comme la dénomination très française de « commissaire » l'indique.

B – ...Aux activités de conseil, à plus grande valeur ajoutée...

On comprend dès lors que les activités de conseil, autrement plus porteuses de valeur ajoutée, se soient naturellement adjointes à celles d'audit des comptes. Les consultants doivent entretenir des relations de totale confiance vis-à-vis de leurs clients. La finalité de leurs conseils est d'accroître leur rentabilité.

C – ...Avec une confusion consécutive des rôles...

Une des causes des scandales financiers qui ont caractérisé la période 1995-2003 est la confusion des rôles. Une même firme ne peut pas simultanément vérifier la validité et la sincérité des comptes, lui proposer les meilleures solutions d'évasion fiscale, lui offrir les montages financiers les plus innovants et lui suggérer des méthodes de comptabilisation lui permettant d'améliorer sa rentabilité apparente.

Manifestement, ces différentes missions sont rigoureusement antithétiques : la société d'audit et de conseil remplit simultanément ou successivement des rôles qui l'obligent à être juge des comptes et partie prenante dans leur élaboration.

D – ...Puis un recentrage des sociétés d'audit sur leur métier de base

Cette véritable schizophrénie organisationnelle a perduré jusqu'à ce que les principaux États industriels imposent aux sociétés ayant des départements d'audit et de conseil de séparer les activités d'audit (activités routinières à la rentabilité moyenne) des activités de conseil (activités spécifiquement adaptées à chaque client et à forte rentabilité).

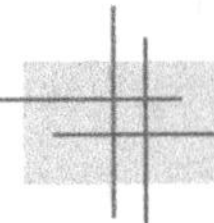

L'asymétrie fondamentale n'est pas résolue

Le recentrage des sociétés d'audit sur leur métier de base (« core business ») ne résout en aucun cas l'asymétrie fondamentale d'informations qui existe entre le contrôleur externe et l'organisation contrôlée, mais il met un terme à une confusion des rôles tout à fait préjudiciable à la crédibilité du commissaire aux comptes.

E – *... Et une redéfinition des rôles respectifs des commissaires aux comptes et des sociétés d'audit*

■ Une même appellation recouvre deux réalités professionnelles différentes :

- Le commissaire aux comptes, expert-comptable par ailleurs, fait office simultanément de contrôleur et de consultant auprès des petites et moyennes entreprises.

- Les sociétés d'audit qui certifient les comptes des entreprises multinationales cotées constituent un groupe d'acteurs remplissant un rôle très spécifique. Elles ont acquis une réputation suffisamment forte pour que leur certification fasse autorité, malgré les scandales financiers qui ont affecté les marchés financiers.

■ La position dominante des sociétés d'audit des firmes multinationales repose sur leurs positions acquises et sur la capitalisation de leurs connaissances et de leurs expériences.

Ce n'est pas tant l'originalité des méthodologies qu'elles ont mises au point qui fondent leur puissance. Celle-ci repose principalement sur leur capacité à surmonter les dilemmes auxquels les sociétés d'audit sont confrontées.

Dans un contexte d'asymétries structurelles en matière de génération et de diffusion des informations, elles sont en mesure de proposer les offres d'audit des comptes les plus compétitives, tout simplement parce qu'elles connaissent déjà les très grandes entreprises à auditer et qu'elles peuvent tirer profit des connaissances déjà accumulées. C'est la raison pour laquelle il est si difficile pour un nouveau réseau mondial de sociétés d'audit de contester leur position acquise. La somme des connaissances déjà acquises sur les entreprises clientes rend leur position quasiment inexpugnable. En conséquence, le marché de l'audit des grandes entreprises multinationales cotées est faiblement contestable.

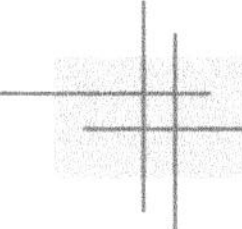

Connivence et confiance

Les relations qui unissent les entreprises multinationales à leurs commissaires aux comptes sont fondées autant sur la connivence et la confiance que sur l'expérience acquise pendant les relations antérieurement nouées et longuement cultivées.

F – A la suite de la crise, la réforme

Le contrôle par une autorité extérieure

Toutefois, comme ces sociétés n'ont pas été en mesure de remplir convenablement leurs missions, elles ont été obligées d'accepter une réforme qui vise à substituer à un autocontrôle de la profession (qui définit les méthodologies appropriées pour mener un audit) un contrôle exercé par une autorité extérieure.

Conformément à la tradition nationale française, il a été créé par la loi de sécurité financière du 1er août 2003 un Haut conseil du commissariat aux comptes, placé sous la tutelle du ministre de la

Justice. Ce conseil de douze membres ne comprend qu'une minorité de professionnels de la comptabilité et a pour mission d'assurer le contrôle du respect de la déontologie et de l'indépendance des commissaires aux comptes. Il s'agit de l'homologue français du « Public Company Accounting Oversight Board », nouvel organisme de contrôle des entreprises d'audit (qui a été créé aux États-Unis en 2002 en vertu de la loi Sarbanes-Oxley votée en réaction aux scandales qui ont affecté le New York Stock Exchange).

Les normes d'audit seront certes toujours proposées par la Compagnie des commissaires aux comptes, mais elles devront être homologuées par le ministre de la Justice après avis de la nouvelle autorité administrative indépendante.

Vers une nouvelle conception de la vérification des comptes ?

Ce type de réforme a été initié dans la plupart des pays européens. Il est difficile de savoir *a priori* s'il s'agit d'une simple réaction législative consécutive à la longue série des scandales financiers qui ont frappé la France (Crédit Lyonnais, une grande partie de l'ex-secteur public des banques et des assurances, l'ex-Compagnie Générale des Eaux devenue Vivendi Universal, France Télécom, nombreuses sociétés de la « nouvelle économie » introduites sur le « Nouveau Marché » par les banques sur la base de cours constatés sur le « marché gris » avant leur introduction et qui n'ont jamais été économiquement viables), ou bien le début d'une nouvelle conception de la vérification des comptes.

Considérer le contrôle des comptes comme une mission de service public ?

Si cette dérive devait à l'avenir se confirmer, alors la pente naturelle propre à l'identité administrative française serait de considérer le contrôle des comptes comme une mission de service public déléguée aux commissaires des comptes, voire aux services fiscaux (les actuels commissaires aux comptes étant appelés à se transmuer en conseillers financiers et fiscaux). Dans le même ordre d'idée, il n'est pas étonnant que certains théoriciens français de l'économie et de la gestion aient conseillé de transformer les agences de notation en service public afin de remédier aux asymétries d'informations.

Les failles du système dépassent l'univers d'une profession libérale

Il faut toutefois remarquer que la position des commissaires aux comptes est pour le moins ambiguë. Tenus de signaler au ministère public les infractions qu'ils ont constatées à l'occasion des contrôles qu'ils ont effectués (faute de quoi leurs responsabilités civile et pénale pourraient être mises en jeu), ils sont rémunérés par les entreprises dont ils certifient les comptes. Compte tenu des nombreux scandales financiers qui ont frappé des entreprises publiques dont le contrôle financier aurait dû être effectué par leur ministère de tutelle, force est de constater que les failles du système de contrôle des comptes ne sont pas exclusivement imputables à cette profession libérale.

La tentation du contrôle formaliste des comptes ?

Il est probable que pour prévenir les risques de contentieux, les commissaires aux comptes vont chercher à dégager leur responsabilité en pratiquant un contrôle formaliste des comptes. Ils vont demander que des normes toujours plus précises soient approuvées par la puissance publique et veilleront en priorité à ce que ces normes soient strictement appliquées par leurs clients.

 *Le formalisme est-il réellement protecteur ?*

Le formalisme juridique est une issue à la crise de l'audit. Toutefois, ce type de contrôle est souvent aveugle et ne cherche pas toujours à comprendre la logique profonde des systèmes comptables des entreprises. Or, la véritable valeur ajoutée que le contrôle comptable peut apporter réside précisément dans la capacité à adapter des cadres trop généraux aux spécificités des activités de chaque entreprise.

Les normes générales sont trop abstraites et trop théoriques pour être appliquées au cas particulier que représente chaque entreprise sans faire l'objet d'aménagements plus ou moins prononcés. Par ailleurs, si l'audit doit se résumer au contrôle de l'application des normes juridiques, il va très vite devenir une mission impossible à remplir compte tenu du volume de la réglementation comptable (les normes U.S.G.A.A.P., *United States Generally Accepted Accounting Principles*, comprennent plus de 140 000 pages). L'inflation de la réglementation a une fonction de protection à visée essentiellement symbolique, mais l'application de celle-ci est hautement problématique, ne serait-ce que pour des raisons strictement matérielles. Un juridisme exacerbé ne constitue pas une garantie que les entreprises, ainsi que les entreprises d'audit, ne commettront pas de fraude comptable. L'extrême complexité de certains montages juridiques ou bien l'élaboration de procédures particulièrement sophistiquées sert souvent à dissimuler des comportements non conformes aux principes les plus fondamentaux du droit des affaires.

2.2 La question de l'indépendance des agences de notation

Si la responsabilité des quatre entreprises dominantes dans le secteur de l'audit a été mise en cause, il en va de même des agences de notation, qui n'ont dégradé la note de certaines grandes entreprises ayant fait faillite que quelques semaines avant la révélation de leur situation financière effective. La question de leur indépendance se pose dans des termes relativement similaires puisqu'elles sont rémunérées par l'émetteur dont elles évaluent la solvabilité financière et la capacité à assurer le service de leurs dettes.

De surcroît, les trois entreprises de notation qui dominent le marché forment un oligopole auquel les émetteurs peuvent difficilement échapper (les 150 autres agences de notation ayant une audience essentiellement locale). Même si l'une d'entre elles est possédée actuellement par des capitaux d'origine française, les deux principales agences qui indiquent aux marchés la solvabilité des emprunteurs sont étroitement liées aux milieux boursiers nord-américains.

Les erreurs qu'elles ont commises récemment ne sont probablement pas susceptibles de remettre en cause leur quasi-monopole, d'autant qu'il n'existe pas encore un marché européen unifié des capitaux et que les agences de notation doivent être actuellement agréées par la « Securities and Exchange Commission ».

3. Approfondir la compréhension de la crise de l'information comptable et financière

Le rêve d'un droit parfaitement ordonné en fonction de la hiérarchie des normes juridiques est une utopie d'autant plus irréaliste que les normes d'un même niveau hiérarchique sont amenées à se contredire si elles sont exprimées sous forme de principes généraux. Il convient néanmoins de dissocier les pratiques d'amélioration formelle des états financiers des pratiques frauduleuses.

3.1 Concevoir la complexité du droit comptable

Il est illusoire de postuler que l'information comptable et financière puisse tendre vers une quelconque exactitude. Il est nécessaire de comprendre que la production des informations financières et comptables est simultanément fondée sur le respect des normes édictées par le droit comptable et que celui-ci octroie de grandes latitudes dans son application et dans son interprétation.

La comptabilité est une technique qui peut se référer à deux sources contradictoires : le droit des affaires et la valorisation économique des actifs.

- Dans le premier cas, la comptabilité est considérée comme « l'algèbre du droit », autrement dit la traduction arithmétique de l'ensemble des contrats que l'entreprise a conclu ;

- Dans le second cas, la comptabilité est considérée comme un processus de valorisation de l'ensemble des actifs et des passifs possédés et contractés par l'entreprise.

A – Deux approches de la comptabilité : juridique et économique

- L'approche juridique de la comptabilité privilégie l'enregistrement au coût historique des contrats et donc tient l'entreprise pour une entité juridiquement indépendante qui se caractérise par sa capacité à agir en sa qualité de sujet doté de la peronnalité juridique. Son patrimoine est d'abord considéré comme l'ensemble des droits qu'elle possède et des obligations qu'elle a contractées.

■ L'approche économique de la comptabilité privilégie la valorisation du patrimoine de l'entreprise, autrement dit la valeur économique de ses actifs et de ses passifs. S'ils font l'objet d'échanges sur un marché suffisamment liquide et profond, leur valeur économique est le prix de marché, ou à défaut celle d'un actif ou d'un passif similaire (la juste valeur étant alors celle dite « mark-to-market »).

Faute de prix de marché, la valeur économique est la valeur actuarielle d'un actif ou d'un passif : elle est égale à la somme actualisée des flux qu'il générera dans le futur dans le cas d'un actif, ou à la somme actualisée des flux que son détenteur devra verser dans le cas d'un passif (la juste valeur étant alors celle dite « mark-to-model »).

L'opposition entre enregistrement à la valeur historique et enregistrement à la valeur économique recoupe en grande partie l'opposition entre les approches à dominante juridique et à dominante économique de la comptabilité.

Certaines valorisations reposent sur des modèles mathématiques plus complexes qui sont largement répandus auprès des acteurs intervenant sur les marchés financiers. Les marchés des options et les « stock-options » n'auraient pas connu une telle croissance sans le modèle de valorisation de Black and Scholes (le plus souvent utilisé en oubliant les conditions mathématiques qu'il faut observer pour que les résultats théoriques correspondent à des pris du marché et qui sont rarement vérifiées dans la réalité).

Mais l'enregistrement comptable est par nature complexe. Il repose simultanément sur des principes généraux visant à conférer au bilan la valeur d'une « image fidèle » du patrimoine de l'entreprise et des règles très précises détaillant la comptabilisation et la valorisation des différentes catégories d'actifs et de passifs.

L'approche fondée sur les principes généraux est assimilable à l'approche économique de la comptabilité, tandis que l'approche formaliste équivaut à l'approche juridique de la comptabilité.

Illusions

Or, il est illusoire de croire que l'application du droit le plus détaillé possible soit de nature à résoudre l'ensemble des problèmes auxquels l'entreprise est confrontée. Dans le même ordre d'idée, une approche fondée sur la référence à des principes généraux est de nature à autoriser une interprétation subjective de ceux-ci de la part des mandataires sociaux de l'entreprise, et donc l'élaboration d'états financiers fortement influencée par leurs intérêts spécifiques (au détriment des intérêts des autres parties prenantes de l'entreprise).

B – Les dilemmes du droit comptable

De surcroît, la comptabilité est confrontée à des dilemmes qui font de l'élaboration des états financiers un exercice nécessairement complexe.

Le droit comptable ne peut pas prévoir toutes les situations que les entreprises sont amenées à rencontrer

Le droit comptable a beau être le plus détaillé possible, il n'est pas en mesure de prévoir l'ensemble des situations auxquelles une entreprise est confrontée. L'élaboration d'un cadre comptable général est une novation qui a permis de structurer les pratiques comptables des entreprises et d'améliorer la comparabilité de leurs états financiers. Mais un cadre trop rigide, même décliné au niveau des branches professionnelles, n'est pas adapté à la très grande variété des opérations qu'une entreprise peut conclure. Il n'est pas en mesure d'éliminer la part de subjectivité qui entache toute pratique comptable.

Il est vrai que la matrice du droit comptable français est dérivée de la comptabilité nationale et qu'il correspond en fait, dans ses grandes lignes, au compte des entreprises tel qu'il est élaboré au niveau macroéconomique par l'I.N.S.E.E. Ainsi les charges sont-elles en droit comptable enregistrées par nature (achats de matières premières, achats de services extérieurs, charges de personnel, autres charges de gestion courante, charges financières et charges exceptionnelles).

Dans la plupart des grands pays industriels, les charges ne sont pas comptabilisées par nature, mais par fonction (coûts des approvisionnements, coûts de production, coûts de distribution). Le clivage entre comptabilité de gestion et comptabilité générale est beaucoup moins marqué qu'en comptibilité française.

L'effet bénéfique des crises

Tout compte fait, les grands principes comptables ont été élaborés aux États-Unis après le krach de Wall Street de 1929 afin que les entreprises disposent d'outils de gestion plus performants. Sans les scandales financiers qui ont caractérisé l'éphémère apparition de la « nouvelle économie », il est probable qu'aucune réforme d'envergure en matière d'exercice de la profession comptable ne serait intervenue.

Le droit comptable oblige à procéder à des arbitrages difficiles à trancher

Les grands principes ont l'avantage de fournir des idées directrices à partir desquelles l'ensemble des cas particuliers peut être analysé et traité. Ce que le droit comptable perd en précision, il le gagne en adaptabilité et en flexibilité. Mais la référence aux grands principes comptables est en grande partie illusoire, car, dans les faits, ces principes sont contradictoires.

Il revient donc aux mandataires sociaux d'établir une hiérarchie de ces principes et, selon les cas, d'en faire prévaloir certains sur d'autres, alors qu'aucune solution ne s'impose de manière décisive *a priori*. Concilier l'indépendance des exercices avec le principe de continuité de l'exploitation, le principe de prudence ou la permanence des méthodes comptables est un exercice théoriquement envisageable, mais pratiquement impossible.

De surcroît, la jurisprudence en la matière est très limitée dans la mesure où le droit pénal des affaires vise prioritairement à sanctionner les comportements intentionnellement délictueux et frauduleux (les abus de biens sociaux sont beaucoup plus souvent sanctionnés que la présentation de bilans inexacts).

Le droit comptable français s'adapte à l'unification mondiale

La globalisation des économies implique que les grandes entreprises développent une activité de plus en plus importante à l'international. Comme les entreprises multinationales sont implantées dans un très grand nombre de pays, il est préférable qu'elles établissent leurs états financiers en fonction de normes identiques. Si les investisseurs internationaux veulent procéder à des arbitrages au niveau international, il est hautement préférable qu'ils puissent fonder leurs jugements sur des documents élaborés selon des principes identiques, ou du moins homogènes.

L'harmonisation des droits comptables au niveau européen est la première étape de l'unification mondiale de ceux-ci. Le règlement européen publié le 11 septembre 2002 rend obligatoire l'application des I.F.R.S. dans les comptes consolidés des sociétés cotées (environ 7 000 entreprises) pour les exercices ouverts à compter du 1er janvier 2005 (les *International Financial Reporting Standards* succédant depuis 2001 aux *International Accounting Standards* élaborés par l'*International Accounting Standards Board* qui est basé à Londres et qui a succédé à l'*International Accounting Standards Committee* basé dans l'État du Delaware aus États-unis).

Vers une refonte du droit comptable

Ces normes ont vocation à terme à s'appliquer à l'ensemble des entreprises. Comme ces normes sont dérivées, sans être identiques, de celles applicables aux U.S.A. (les *U.S. Generally Accepted Accounting Principles* ou U.S.G.A.A.P. élaborés à l'instigation de la S.E.C. par le *Financial Accounting Standards Board*), cette réforme peut s'interpréter comme une américanisation des normes comptables et va donc se traduire par une refonte du droit comptable applicable en France.

Les méthodes comptables anglo-saxonnes et européennes sont partiellement opposées

L'autonomie du droit comptable dans le système juridique français, et plus généralement dans les systèmes juridiques des pays non anglo-saxons, est le plus souvent fictive. Il est subordonné au droit fiscal qui fixe des normes très précises pour la comptabilisation des opérations financières et commerciales des entreprises.

En revanche, dans les pays anglo-saxons, les états financiers présentés aux actionnaires et aux investisseurs sont relativement déconnectés des déclarations fiscales transmises à leurs administrations nationales des finances.

La transposition des normes I.F.R.S. dans le droit comptable français va mettre en évidence les contradictions et les incohérences qui existent entre le droit comptable et le droit fiscal.

Des modifications limitées pour les entreprises, mais radicales dans le secteur financier

Il ne faut pas, toutefois, exagérer les différences qui devraient en résulter pour la comptabilité des entreprises. L'application des normes I.F.R.S. ou la généralisation d'un système comptable fondé sur les principes *(principles-based)* et non sur les règles *(rules-based)* n'entraînera que des conséquences décisives pour les entreprises financières (essentiellement les banques et les assurances). Pour les autres entreprises de services, les entreprises manufacturières et les entreprises industrielles, les aménagements de leurs systèmes comptables seront d'autant plus limités qu'elles appliquent déjà souvent les normes comptables internationales (et donc d'origine nord-américaine) et que les créances et les dettes représentent une part limitée respectivement de leurs actifs et de leurs passifs.

La question de l'application de ces normes aux entreprises du secteur financier entraînera des modifications radicales de leurs systèmes comptables en raison des nouvelles techniques de valorisation des créances et des dettes rémunérées par un taux d'intérêt : à un enregistrement fondé sur leur valeur nominale est substituée une estimation actuarielle (y compris pour les dépôts non rémunérés, donc les ressources à coût apparent nul).

Si l'on devait synthétiser l'opposition entre les méthodes comptables anglo-saxonnes et européennes, celle-ci se focaliserait sur la nature dominante des systèmes de financement en vigueur dans les différents pays.

- Dans les économies où le financement direct par les marchés financiers prédomine, la comptabilité a pour finalité de valoriser les titres conformément aux prix de marché des actifs et des passifs.

- Dans les économies où le financement intermédié prédomine (et donc dans lequel les banques sont les premiers bailleurs de fonds), la comptabilité vise d'abord à présenter une image prudente du patrimoine de l'entreprise : elle minore les actifs et elle majore les passifs. Le principe de prudence l'emporte dans ce cas sur le principe de fidélité (au sens où la comptabilité a pour finalité de restituer une image fidèle du patrimoine de l'entreprise).

Cette opposition entre deux systèmes de valorisation et de comptabilisation illustre le fait que les grands principes fondamentaux ne sont pas compatibles les uns avec les autres.

C – La position de l'analyste financier

Les analystes financiers doivent faire l'hypothèse, dans l'exercice de leurs activités professionnelles, que les états financiers certifiés par les commissaires aux comptes constituent une base suffisante pour étudier les perspectives financières que présentent les entreprises. Encore faut-il essayer de dissocier les comportements frauduleux – qui relèvent du droit pénal – des comportements d'habillage des bilans *(window-dressing* ou *cosmetic accounting)*.

Présenter des états financiers sous un aspect favorable suppose l'emploi de techniques comptables et financières qui ont été mises au point, non pas pour induire les investisseurs en erreur, encore moins pour contrevenir au droit fiscal, mais pour bénéficier au mieux des latitudes et opportunités qu'offre le droit comptable (voire fiscal).

Les analystes financiers ne sont pas plus en mesure de contester la validité de la certification des comptes délivrée par l'oligopole des grandes sociétés d'audit internationalement reconnues que de contester la valeur des notes attribuées par le quasi-duopole des grandes agences de notation internationalement reconnues.

3.2 Savoir distinguer la fraude de l'opportunisme comptable

Il est essentiel de distinguer les pratiques comptables visant à tirer parti des opportunités offertes par les normes comptables pour améliorer la présentation des états financiers des pratiques frauduleuses. Il est absurde de penser pouvoir énumérer de manière exhaustive de semblables pratiques, tant l'imagination des comptables et des dirigeants est grande en la matière, comme les scandales récents l'ont montré.

D'une manière générale, les fraudes visent à faire apparaître des recettes fictives et à dissimuler des charges effectives. En revanche, les techniques d'embellissement des bilans supposent une connaissance approfondie des marges de manœuvre offertes par le droit comptable.

A – Reconnaître les pratiques comptables frauduleuses

Parmi les possibilités de fraude comptable, on peut recenser les cas suivants :

- détournement d'une partie des produits normalement perçus par l'entreprise ;

- augmentation fictive du chiffre d'affaires en comptabilisant un emprunt comme revenu ;
- augmentation fictive du chiffre d'affaires en comptabilisant plusieurs fois une même transaction commerciale ou en organisant des flux commerciaux et financiers fictifs entre entités créées à cette fin et rattachées plus ou moins directement à l'entreprise mère ;
- dissimulation de charges ou transfert de celles-ci à des entités créées à cette fin ;
- cession d'actifs à des prix surévalués à des entités créées à cette fin (quitte à devoir les racheter à un prix convenu *ab initio* à une date ultérieure) et accroissement du bénéfice par des plus-values artificielles non récurrentes ;
- création d'actifs fictifs en immobilisant indûment des charges ;
- transformation de capitaux empruntés en fonds propres fictifs grâce à la prise de participation d'entités spéciales créées à cette fin (qui souscrivent à une augmentation de capital initiée par la société-mère en la finançant par un emprunt garanti par les titres de cette même société) ;
- virement contraint de la trésorerie de filiales non majoritairement contrôlées par la société-mère ou prêt forcé de ces mêmes liquidités ;
- non-comptabilisation délibérée de certaines transactions commerciales et financières.

B – Repérer les « simples » montages créatifs

Parmi les possibilités de créativité comptable, on peut mentionner les montages suivants :
- évolution du périmètre de consolidation grâce aux changements de méthodes de consolidation ou à la variation marginale du pourcentage de contrôle des sociétés dans lesquelles

l'entreprise mère possède des participations (déconsolidation des sociétés affichant des pertes, intégration des sociétés à forte rentabilité) ;

— cession de l'endettement à des structures (*special purpose vehicules*) créées à cette fin (l'entreprise se portant garante du bon remboursement des dettes cédées et assurant le service de la dette correspondant) ;

— cession des immobilisations avec comptabilisation des plus-values dans le compte de résultat et relocation des immobilisations à un coût (loyer) plus élevé (technique du *lease-back*) ;

— changement de méthode d'amortissement des immobilisations permettant de réduire les charges d'amortissement (quitte à faire apparaître des actifs dont la valeur nette est survalorisée) ;

— sur-amortissement chronique des immobilisations et maintien à l'actif d'immobilisations sous-estimées ;

— omission de constitution de provisions pour dépréciation des actifs circulants ou sous-dotation des provisions pour dépréciation des actifs circulants ;

— non-constitution des provisions pour des risques survenus au cours de l'exercice ou sous-dotation des provisions pour des risques survenus au cours de l'exercice ;

— surestimation de provisions pour faire face à des charges futures (cas des provisions pour restructuration, des provisions pour risques généraux des compagnies d'assurance et des provisions pour risques-pays des banques), avec reprise ultérieure des charges provisionnées de manière excédentaire (technique de lissage du résultat) ;

— changement de méthode de valorisation des stocks visant, selon les cas, à les majorer ou à les minorer ;

- cession de créances commerciales à une structure de défaisance (l'entreprise se portant garante du bon paiement des créances cédées) ;
- restructuration de l'endettement (swaps de taux d'intérêt : échange de dettes à taux fixes contre des dettes à taux variables, avec une clause garantissant le paiement du différentiel d'intérêt si les taux évoluaient dans un sens défavorable pour la contrepartie) ;
- échange des charges de rémunération courantes pour des promesses de rémunération futures (stock-options pour les cadres dirigeants et engagements d'abonder ultérieurement les fonds de retraite pour l'ensemble du personnel, ou les fonds destinés à couvrir les assurances médicales complémentaires) ;
- comptabilisation des revenus financiers ou exceptionnels en produits d'exploitation supposés récurrents ;
- comptabilisation des charges courantes récurrentes en charges exceptionnelles supposées non récurrentes ;
- comptabilisation de prestations de service payées par la fourniture en retour d'autres prestations de service à des prix déconnectés de ceux constatés sur le marché ;
- valorisation des transactions entre sociétés appartenant à un même groupe sur la base de prix déconnectés des prix de marché (ce qui permet la localisation de bénéfices dans des pays dans lesquels les taux d'imposition sont plus bas).

Le décalage de l'enregistrement des charges et produits d'un exercice sur l'autre

La plupart de ces méthodes visent à différer dans le temps l'apparition des charges effectivement supportées par l'entreprise, quitte à en majorer le coût pour l'avenir. Les pratiques jouant sur le décalage dans le temps de la constatation des produits et des charges (anticipation de la constatation des revenus, retard de la constatation des dépenses sous prétexte que les factures ne sont pas parvenues avant la date d'arrêté des comptes) sont plus assimilables à de la cavalerie.

Par ailleurs, afin de lisser l'évolution des résultats, les responsables comptables peuvent être tentés, soit d'accélérer l'enregistrement des charges devant être constatées normalement lors de l'exercice suivant, soit de retarder l'enregistrement des produits devant être constatés normalement lors de l'exercice arrêté. Le principe d'indépendance des exercices suppose en effet que les produits et les charges soient effectivement comptabilisés au cours de l'exercice pendant lequel ils ont pris naissance.

C – Recenser les situations délicates laissées à l'appréciation des comptables

■ Les difficultés de valorisation de certains actifs ne doivent pas être surestimées. Il est manifeste que la mise au point des innovations précède le plus souvent leur valorisation. Cette question est particulièrement sensible pour les innovations financières (combinaison de « produits dérivés »), dont parfois les concepteurs eux-mêmes ne maîtrisent pas intégralement les paramètres.

■ Le cas des immobilisations incorporelles est également très délicat. Il est impossible de déterminer *a priori* le destin commercial et financier des brevets. Par ailleurs, plus des quatre cinquièmes des nouveaux produits lancés sur le marché sont des échecs commerciaux, tout en demeurant des réussites techniques. L'immobilisation des dépenses de recherche et développement est toujours une décision difficile à prendre, eu égard à la faible prévisibilité dans les faits de la valeur économique des brevets.

■ La comptabilisation des *stock-options* a occasionné d'intenses débats, jusqu'à ce que la baisse massive des cours des actions n'en annule une grande partie de la valeur (qui dépend en grande partie de leur prix d'exercice : des options d'achat sur actions *out of the money*, dont le prix d'exercice est supérieur au cours de l'action, ont une valeur faible). Ces débats sont devenus, en grande partie, inactuels.

■ Par ailleurs, les rémunérations des dirigeants sont devenues plus transparentes et doivent être communiquées aux actionnaires sous certaines conditions précisées par les droits nationaux des sociétés.

D – La difficulté de la prise en compte des systèmes sociaux propres à chaque pays

Les analyses des comptes des sociétés doivent prendre en compte les systèmes sociaux propres à chaque pays. Le cas français dans lequel les prestations sociales sont quasiment en totalité prises en charge par les organismes sociaux tend à devenir une exception (les entreprises ne conservant à leur charge que certaines prestations spécifiques). Dans la plupart des pays, les entreprises doivent, soit financer des régimes sociaux complémentaires, soit abonder des fonds de retraite réservés à leurs employés. Si les fonds de pension restent inscrits dans le bilan de l'entreprise (et donc si leur gestion n'est pas confiée à des gérants extérieurs), ils peuvent constituer une part importante des fonds propres sous forme de provisions à long terme.

Cette prise en compte des droits sociaux suppose que soit tenue une comptabilité d'engagement visant à recenser l'intégralité des dettes sociales futures. Inversement, les organismes sociaux et les personnes morales de droit public tiennent une comptabilité de caisse.

Il est évident que ces organismes afficheraient des déficits abyssaux s'ils devaient tenir une comptabilité d'engagement, autrement dit s'ils devaient recenser l'ensemble des dettes qu'ils ont contractées vis-à-vis des assurés sociaux, de leurs employés et fonctionnaires (charges de retraite) et de leurs fournisseurs (cas des commandes échelonnées sur plusieurs exercices budgétaires).

E – L'analyse des engagements hors-bilan et de l'annexe comptable

Le transfert des charges actuelles dans le futur passe par des montages financiers qui souvent ne sont pas directement explicités dans les documents financiers. Toutefois il existe deux sources d'information qu'il est indispensable d'analyser de manière approfondie :

- les engagements hors-bilan

- l'annexe comptable.

Encore faut-il que les engagements hors-bilan soient exhaustifs et suffisamment détaillés pour être utilisables : le cas de la reconstitution de l'endettement financier réel de l'entreprise en rajoutant les contrats de crédit-bail et les effets de commerce non échus portés à l'escompte est bien connu. La recension de l'ensemble des risques financiers auxquels une entreprise est exposée en raison de l'achat de produits financiers dérivés est devenue une étape indispensable de la démarche d'audit de ses comptes.

Quant à l'annexe comptable, elle est supposée contenir toutes les informations susceptibles d'expliquer les méthodes de comptabilisation retenues pour établir les états financiers.

Un long travail, mais des informations soit incomplètes, soit peu fiables

L'élaboration des documents comptables requiert un travail à plein temps de services entiers dans les plus grandes entreprises internationales. Les cabinets d'audit ne disposent que de quelques semaines pour valider leurs comptes. Les mandats des commissaires aux comptes sont délivrés après appels d'offre privés et sont confiés souvent aux moins-disants, cette prestation n'étant pas considérée comme apportant une forte valeur ajoutée aux entreprises mais étant plutôt ressentie comme une contrainte légale.

Le contrôle de toutes les clauses de tous les contrats d'acquisition et de cession des actifs est un travail long et fastidieux et, par ailleurs, il n'est pas certain que les auditeurs aient accès à ce type de documents juridiques (et qui plus est qu'ils aient simplement l'idée de les réclamer).

Quant aux analystes financiers extérieurs, ils doivent se satisfaire des informations mentionnées dans l'annexe comptable. Il est évident qu'elle ne peut pas comprendre matériellement l'ensemble des informations nécessaires pour rendre compte de la valeur effective de chaque actif et de chaque passif. Elle ne peut pas exposer de manière détaillée l'ensemble des stipulations contractuelles particulières qui auront des conséquences sur leur valorisation, en particulier pour les grandes entreprises.

Ils sont aussi confrontés à la variation incessante des périmètres de consolidation des grandes entreprises multinationales, ce qui rend les données relativement peu comparables d'un exercice sur l'autre.

Certes, les services financiers ont tendance à fournir des données « pro forma », c'est-à-dire des indications financières et comptables fictives calculées à partir de périmètres de consolidation constants. Les données « pro forma » ne sont pas vérifiées par des contrôleurs externes et sont aussi délicates à interpréter que les données consolidées certifiées par les sociétés d'audit. Or, la multiplication des structures créées spécialement pour supporter des actifs ou des passifs implique que les démembrements à finalité financière des grandes entreprises fassent également l'objet d'un audit approfondi. Ces structures de cantonnement ont, en effet, souvent pour finalité d'étaler dans le temps la constatation de charges souvent substantielles.

Ces comptes « pro forma » recouvrent une autre réalité encore plus contestable. Certaines entreprises, en particulier des « start-up », jeunes entreprises dont les produits et les services sont à fort contenu d'innovation technologique, ont présenté des comptes « pro forma », c'est-à-dire littéralement « pour la forme », en s'affranchissant du respect de toute norme comptable. La S.E.C. a demandé aux entreprises cotées produisant des comptes « pro forma » en quoi leurs comptes spécifiques se distinguaient des comptes établis selon les normes U.S.G.A.A.P.

In fine, les analystes financiers ne peuvent remplir leur fonction, le plus souvent sous une forte contrainte de temps, qu'en faisant confiance aux services comptables et financiers des entreprises dont ils étudient les comptes et aux sociétés d'audit qui les certifient (ainsi qu'aux sociétés de rating qui leur attribuent des notes lorsqu'elles procèdent à des émissions de titres).

3.3 Comprendre la nature des défaillances du système de contrôle externe des comptes

Les défaillances du système de contrôle externe des comptes tiennent pour partie :

- À la nature opaque des organisations

  Les cas récents de quelques faillites retentissantes ont montré que le système de contrôle externe des comptes reposait sur la confiance réciproque que s'accordaient les différents organismes de contrôle (commissaires aux comptes, agences de rating, organismes publics de contrôle des marchés financiers). Les organisations restent des systèmes opaques et les acteurs extérieurs ne sont pas en mesure d'acquérir une connaissance de celles-ci au moins égale à celle que les acteurs internes occupant les positions hiérarchiques les plus élevées dans les organigrammes des organisations peuvent en avoir.

- Au comportement « marketing » de certaines directions financières

  Les directions financières ont naturellement tendance à présenter des résultats lissés qui peuvent être conformes ou pas trop éloignés des anticipations moyennes formulées par les analystes financiers, voire des consensus de place relatifs à leur rentabilité prévisionnelle. Les entreprises ont fini parfois par adopter des comportements répondant aux attentes de ceux qui préconisent l'achat de leurs titres. Ce comportement peut être assimilé à une approche marketing visant à faciliter le placement des titres ou l'évolution des cours de Bourse.

  Mais, il s'agit d'une vision à court terme, car il est peu probable que ce système de manipulation de l'information puisse perdurer, sur une longue période de temps.

■ Aux différentes variantes du capitalisme

Les théories les plus récentes en matière de finance se focalisent sur les structures institutionnelles. Elles opposent le capitalisme relationnel dans lequel les bailleurs de fonds entretiennent une relation personnelle avec les dirigeants d'entreprise qu'ils connaissent personnellement au capitalisme contractuel.

- Dans le cadre du capitalisme relationnel, la personnalité des dirigeants est un facteur pris en ligne de compte dans la décision d'octroi des crédits ou d'investissements. La décision de financement est donc prise *intuitu personae*.

- Dans le capitalisme contractuel, les parties prenantes n'entretiennent pas de relation personnelle. Les décisions de financement ou d'achat de titres sont prises uniquement au vu de considérations techniques et financières. Les personnalités des dirigeants sont prises en compte uniquement sur la base de leurs antécédents professionnels et de leurs performances passées. La typologie des systèmes de financement repose dès lors sur les stratégies relationnelles que les créanciers et les débiteurs décident d'entretenir ou non.

Il convient néanmoins de nuancer cette opposition dans la mesure où les analystes financiers d'une place financière forment également une communauté régie par des règles communes, évidemment le plus souvent de nature implicite, et qui met en œuvre des méthodes relativement similaires. Malgré la diversité des opinions, il existe également une forme de consensus de place parmi les investisseurs.

4. Comprendre les dilemmes propres à l'information comptable et financière

Les banques d'investissement sont confrontées à un problème récurrent : la rentabilisation de leur département d'analyse financière. Outre les questions institutionnelles et les conflits d'intérêt, cette problématique se réfère en fait à la valeur de l'information comptable et financière.

Les banques sont des intermédiaires financiers chargés d'assurer le placement des titres. Dans ce cas, les études des analystes financiers sont nécessairement ambivalentes :

– soit il s'agit d'analyses fondamentales fondées sur des données objectives visant à évaluer la rentabilité prévisionnelle des entreprises,

– soit il s'agit d'argumentaires commerciaux destinés à faciliter le placement des titres.

Afin de résoudre ce dilemme, les banques ont érigé des « murailles de Chine *(chinese walls)* », autrement dit établi une stricte séparation théorique entre les activités de placement des titres et les activités d'investissement et de gestion des titres. Certains scandales récents ont montré néanmoins qu'il était parfois difficile d'assurer une totale étanchéité de ces « murailles de Chine ». Il est manifeste que, lorsqu'une banque rencontre des difficultés dans le placement de titres, elle peut être tentée de les cantonner provisoirement dans les O.P.C.V.M. qu'elle gère.

Par ailleurs, les banques qui dirigent des émissions, sont, par la suite, généralement chargées d'animer les marchés des titres (et donc de jouer le rôle de contrepartie pour prévenir une baisse trop brutale des cours après leur première cotation).

4.1 Diffusion et valeur de l'information

A – *Diffuser largement et rapidement l'information la dévalorise*

La valeur de l'information comptable et financière suit une règle très simple. Une fois cette information rendue publique, elle a une valeur quasiment nulle. Elle a d'autant plus de valeur que, lorsqu'elle est exacte, elle est connue du nombre le plus petit possible d'agents économiques. Ceux-ci peuvent alors l'utiliser pour réaliser des arbitrages profitables (qui ne sont licites que s'ils ne sont pas considérés juridiquement comme des délits d'initiés).

B – *Diffuser une information prospective rend sa valeur aléatoire*

Paradoxalement, les études des analystes financiers ont d'autant moins de valeur qu'elles sont diffusées et qu'elles contiennent des informations qui sont reflétées dans les cours actuels des actions. Ces études n'ont une véritable valeur que lorsqu'elles sont prospectives, autrement dit qu'elles anticipent l'évolution de la rentabilité prévisionnelle des entreprises en se fondant sur des informations hypothétiques. Les études les plus intéressantes sont donc celles qui étudient la stratégie des entreprises cotées et qui en déduisent des projections en matière de rentabilité prévisionnelle. Il va de soi que leur caractère exploratoire rend la valeur de leurs prévisions sujettes à caution.

En résumé, la valeur de l'information comptable et financière relative au passé est quasiment nulle, si elle est tenue pour exacte. Par contre, une révision des données relatives au passé doit se traduire par une variation instantanée des cours des actions. Toute information relative à la rentabilité future a une valeur, qui est très difficile à déterminer car celle-ci est nécessairement aléatoire. Plus une information se diffuse rapidement, plus sa valeur est faible. Plus elle est destinée à un nombre d'intervenants élevé, plus sa valeur est faible.

4.2 Informations différées et fonctionnement du marché des titres

Dans la réalité, les marchés des titres, s'ils devaient se conformer aux principes postulés par la théorie de la concurrence pure et parfaite, ne fonctionneraient pas très bien, voire se bloqueraient très vite. Un marché parfaitement transparent dans lequel tous les intervenants disposeraient à tout moment des mêmes informations, serait un marché structurellement déséquilibré, dans la mesure où tous ces « homines economici » rationnels tendraient à adopter la même position à un moment donné. Une information connue de tous au même moment est une information qui a une valeur quasiment nulle.

Un marché ne peut fonctionner, paradoxalement, que si les intervenants ont accès à des niveaux différenciés d'informations qui les incitent à prendre des positions opposées et à formuler des jugements divergents sur l'évolution future des cours des titres. Il va de soi que cette approche tend à légitimer l'intervention d'acteurs économiques disposant d'informations privilégiées.

4.3 La difficile identification des pratiques frauduleuses

Force est de constater que les délits d'initiés n'ont été que tardivement et rarement réprimés, ne serait-ce qu'en raison des difficultés que les juges rencontrent pour établir leur qualification juridique. Il est en effet complexe d'établir un lien de causalité entre une variation excessive des cours ou des quantités anormales de titres échangées d'une part, et la détention d'informations privilégiées d'autre part.

Ce n'est véritablement possible que lorsqu'ils sont en mesure d'identifier les auteurs des transactions boursières incriminées et leur accès concomitant à des informations non diffusées aux professionnels des marchés financiers ou au plus grand nombre des actionnaires.

Les limites de l'autorégulation

De surcroît, seuls des professionnels des marchés financiers ont l'expertise requise pour identifier ce type d'opérations boursières. C'est la raison pour laquelle les organismes de régulation des marchés financiers accueillent en leur sein de plus en plus de personnalités reconnues sur leurs places financières respectives.

Mais la crise des marchés d'actions depuis près d'une décennie (formation des bulles spéculatives, résorption des bulles et stagnation consécutive des cours) a montré les limites d'une autorégulation de ces marchés par des professionnels expérimentés.

4.4 Contraintes et libertés des analystes financiers

Il convient de prendre conscience des contraintes qui enserrent la pratique professionnelle des analystes financiers.

- Les marchés financiers sont des construits sociaux. Les différents acteurs régulateurs (sociétés d'audit, agences de notation, organismes de contrôle, organismes rédigeant et approuvant les normes) s'imposent aux intervenants, sans que ceux-ci puissent ouvertement contester leur pouvoir, malgré les insuffisances professionnelles et les fraudes que les scandales financiers récents ont révélées.

▪ Les marchés financiers constituent un système reposant sur certaines conventions que les intervenants (et encore moins les investisseurs) n'ont pas le pouvoir de contester significativement, sans que l'on puisse toutefois parler d'un *crony capitalism* généralisé (capitalisme de copinage), expression relativement péjorative utilisée pour décrire certaines économies du sud-est asiatique qui ont traversé une crise sévère à partir de 1997.

Néanmoins, les analystes financiers disposent de marges de manœuvre, de latitudes d'action qui leur permettent de jouer le jeu sans se prendre au jeu, malgré les relations de connivence, voire la collusion objective, qui unissent les différentes catégories d'acteurs qui animent les marchés financiers.

La véritable valeur ajoutée d'une analyse financière réside paradoxalement non pas dans l'examen des comptes qui est relativement normalisé, mais dans l'étude de la stratégie des entreprises. Les comptes sont établis selon des normes comptables et les analystes financiers ne peuvent en réalité que s'appuyer sur les jugements émis par les sociétés d'audit et de rating (surtout pour les grands groupes multinationaux). Leur véritable autonomie réside dans leur analyse de la stratégie des entreprises et conjointement dans leur estimation de leur rentabilité prévisionnelle.

4.5 Est-il possible de remédier aux dysfonctionnements structurels des marchés financiers ?

A – *L'encadrement trop strict des marchés financiers, techniquement impossible, nuirait aussi à leur fonctionnement*

Les réformes proposées sont souvent difficiles à transcrire dans les faits, car elles méconnaissent les mécanismes réels de fonctionnement des marchés financiers. L'histoire du capitalisme est jalonnée de scandales financiers et de crises (comprises au sens de variations anormales des cours des titres).

La volatilité excessive et les asymétries d'informations sont en réalité des facteurs essentiels pour animer les marchés financiers. Une réglementation trop intrusive ou trop protectrice risque de précipiter les marchés financiers dans une atonie nuisible aux finalités qu'ils poursuivent. Vouloir trop les encadrer est non seulement préjudiciable à leur bon fonctionnement, mais techniquement peu réalisable. L'application de la réglementation actuelle est déjà très difficile à obtenir, ne serait-ce qu'en raison de son volume et de la difficulté à établir les liens de causalité entre des pratiques supposées délictueuses et les variations des quantités et des prix d'une action déterminée.

La transparence en matière d'information est un postulat idéaliste dans la mesure où les agents économiques, du fait de leur position respective, ont accès à des niveaux différenciés d'informations. De surcroît, les renseignements véritablement pertinents ne se confondent pas avec la prolifération de données inutiles, redondantes ou difficilement vérifiables.

B – *Certaines réformes ont cependant été entreprises*

Les réformes institutionnelles proposées ont été nombreuses et certaines mises en œuvre dans le cadre de l'amélioration de la gouvernance d'entreprises :

- nomination d'administrateurs indépendants dans les conseils d'administration ;

- création de comités d'audit et des rémunérations indépendants rattachés aux conseils d'administration ;

- taxation des rotations trop rapides des investissements dans les O.P.C.V.M. ;

- soumission des pratiques des analystes financiers à un code déontologique ;

- contrôle autre que fiscal de la rémunération des dirigeants (voire leur plafonnement) ;

- encadrement des opérations des fonds spéculatifs, les « hedge funds », en particulier en ce qui concerne leurs modes de financements et leurs accès au marché des prêts de titres. Il est vrai que les prêteurs des titres sont le plus souvent des investisseurs institutionnels qui utilisent les fonds spéculatifs pour réaliser des opérations qui leur sont contractuellement interdites ou bien prohibées par leur hiérarchie. Il est absurde de vouloir opposer les bons investisseurs institutionnels aux spéculateurs dont les interventions déstabiliseraient les marchés. Le manichéisme est la maladie infantile des zélateurs ou des contempteurs des marchés financiers.

Mais ces réformes ne sauraient remédier complètement à ce que l'on dénomme les « dysfonctionnements structurels des marchés financiers », car ils constituent en fait un des moteurs de leur dynamisme. En revanche, les politiques des banques centrales et des organismes de surveillance des marchés financiers diffèrent d'un pays à l'autre.

En ce sens, le modèle américain tant de conduite de la politique monétaire que de contrôle des marchés financiers demeure un exemple pour les autres pays.

À retenir

✔ La série de scandales financiers qui a frappé la plupart des Etats industriels les a contraints à réviser la législation comptable et à améliorer les procédures de contrôle externe des comptes des entreprises. Il existe peu de domaines dans lesquels l'uniformisation des normes au niveau mondial ne soit aussi poussée. La globalisation des économies implique que l'ensemble des parties prenantes à la vie économique puisse utiliser des règles communes en matière de comptabilité et qu'elles soient appliquées par le plus grand nombre possible d'entreprises.

✔ Cette tendance est d'abord la réponse à une demande qui a été formulée par les investisseurs internationaux. Ils ne peuvent procéder à l'étude des états financiers des entreprises multinationales que s'ils ont été établis en conformité avec des normes comptables identiques et connues de tous. L'unification des droits comptables au plan mondial est la conséquence directe de la libéralisation des mouvements de capitaux. Les investisseurs internationaux ne peuvent réaliser leurs arbitrages que s'ils disposent d'informations fiables et homogènes.

✔ L'unification progressive des principes comptables au plan mondial est une des conséquences de la globalisation des économies et des entreprises. Encore faut-il que les règles ne donnent pas lieu à des interprétations trop divergentes et qu'elles soient effectivement appliquées par les directions des entreprises. Les sanctions qui frappent les dirigeants qui enfreindraient celles-ci ont été récemment aggravées dans plusieurs grands Etats industriels. Il n'en demeure pas moins que les comptabilités d'entreprises d'économies émergentes manquent souvent de transparence et de clarté.

Exemples numériques solubles sur tableur

Cas n° 1 : Un exemple de « *window dressing* »

Soit une entreprise présentant les états financiers suivants. Sa situation financière est difficile. Elle affiche des pertes pour l'exercice, un endettement important et un bilan peu favorable.

Actif	Valeur brute	Amortissements & Provision	Valeur nette
Classe 2 : immobilisations			
Immobilisations incorporelles	645 000	125 000	520 000
Immobilisations corporelles	3 455 600	1 525 000	1 930 600
Immobilisations financières	1 250 000	0	1 250 000
Classe 3 : valeurs d'exploitation			
Matières premières	735 640	0	735 640
Produits finis	897 560	0	897 560
Classe 4 : créances			
Créances d'exploitation	695 000	36 540	658 460
Créances hors exploitation	75 564	0	75 564
Classe 5 : valeurs réalisables et disponibles			
Valeurs mobilières de placement	560 000	0	560 000
Trésorerie	875 000	0	875 000
Total	**9 189 364**	**1 686 540**	**7 502 824**

Passif	Valeur nette
Classe 1 : capitaux permanents	
Capitaux propres	2 150 000
Réserve légale	125 000
Réserves statutaires	1 285 000
Résultat	-58 645
Dettes financières à plus d'un an	987 500
Provisions réglementées	35 875
Provisions pour risques et charges	212 855
Classe 4 : dettes	
Dettes d'exploitation à court terme	695 874
Dettes hors exploitation à court terme	395 000
Dettes bancaires à court terme (y compris la part des dettes financières à moins d'un an)	1 674 365
Total	**7 502 824**

Son compte de résultat fait apparaître l'ampleur de ses difficultés. Le stock de matières premières a diminué du début à la fin de l'exercice (-122 575), tandis que celui des produits finis augmente (+ 136 750), ce qui semble indiquer une crise de mévente. Surtout l'ampleur de la perte a pu être limitée grâce à la reprise d'une provision exceptionnelle constituée précédemment afin de financer un projet de rénovation de ses installations. Les charges financières et les dotations aux amortissements pèsent lourdement sur la formation du résultat final.

Charges		Produits	
Achats de matières premières	2 755 685	Ventes	5 895 000
Variation des stocks de matières premières	-122 575	Production stockée	136 750
		Produits financiers	22 400
Services extérieurs	56 875	Produits exceptionnels	1 275 000
Charges de personnel	3 475 452		
Autres charges de gestion courante	85 732		
Dotations aux amortissements	755 000		
Charges financières	235 800		
Charges exceptionnelles	145 826		
Résultat	-58 645		
Impôt sur les sociétés	0		
Total	**7 329 150**	**Total**	**7 329 150**

Son équipe dirigeante est convaincue de la viabilité de son projet industriel. Elle dispose de réelles perspectives de développement. Par ailleurs, son banquier unique redoute une cessation de paiements.

L'entreprise est devenue progressivement dépendante des crédits qu'il lui procure. Compte tenu de ses engagements, le banquier risquerait d'être considéré comme dirigeant de fait (« en commandite ») et de voir sa responsabilité engagée vis-à-vis des autres créanciers de l'entreprise en cas de faillite et de liquidation, c'est-à-dire condamné à apurer une partie du passif, si son ingérence dans la direction de l'entreprise était prouvée.

Le banquier, ayant connaissance de la cessation des paiements de l'entreprise et lui permettant de continuer artificiellement son activité par la fourniture de moyens ruineux de crédit, engage sa responsabilité pénale. Les autres créanciers peuvent lui reprocher, après le dépôt de bilan, d'avoir en toute connaissance de cause aggravé le passif de l'entreprise.

Il est dès lors dans l'intérêt commun des deux parties de trouver un investisseur extérieur qui puisse renforcer les fonds propres de l'entreprise. Pour rendre l'entreprise plus attractive, il convient de procéder à une opération de *window-dressing*. Les opérations suivantes sont décidées :

- comptabilisation par anticipation d'une avance sur commande de 750 000 reçue quelques jours après la date de clôture de l'exercice ;

- revalorisation des stocks de produits finis à leur prix de vente pour un montant de 125 000 ;

- réduction de la reprise sur provision pour un montant de 895 000 ;

- minoration du stock final de matières premières de 55 000 ;

- immobilisation des charges destinées à mettre au point un logiciel pour 395 000 (il s'agit de charges de personnel pour 360 000 et de services extérieurs pour 35 000) qui sont amorties sur trois ans (131 667) ;

- cession d'une immobilisation pendant l'exercice d'un montant de 675 000 en *lease-back*, ce qui diminue les amortissements de 235 000, mais implique le paiement d'un loyer de 275 000 (la cession s'effectue sur la base de la valeur nette comptable de l'actif à la clôture de l'exercice).

L'entreprise dégage un résultat bénéficiaire et donc est assujettie à l'impôt sur les sociétés (égal à 40 % de la base fiscale imposable). La banque décide également de restructurer la dette bancaire à court terme. Une créance à l'exportation de 350 000 est cédée et la dette bancaire à court terme en est réduite d'autant. Par ailleurs, une partie de la dette à court terme (500 000) est consolidée et rajoutée à la dette bancaire à moyen et long terme. Les nouveaux états financiers sont beaucoup plus favorables à ses actuels propriétaires. Les engagements en crédit-bail sont, par ailleurs, mentionnés dans les engagements hors bilan.

Actif	Valeur brute	Amortissements & Provision	Valeur nette
Classe 2 : immobilisations			
Immobilisations incorporelles	1 040 000	256 667	783 333
Immobilisations corporelles	2 780 600	1 290 000	1 490 600
Immobilisations financières	1 250 000	0	1 250 000
Classe 3 : valeurs d'exploitation			
Matières premières	680 640	0	680 640
Produits finis	1 022 560	0	1 022 560
Classe 4 : créances			
Créances d'exploitation	1 095 000	36 540	1 058 460
Créances hors exploitation	75 564	0	75 564
Classe 5: valeurs réalisables et disponibles			
Valeurs mobilières de placement	560 000	0	560 000
Trésorerie	1 275 000	0	1 275 000
Total	**9 779 364**	**1 583 207**	**8 196 157**

Passif	Valeur nette
Classe 1 : capitaux permanents	
Capitaux propres	2 150 000
Réserve légale	125 000
Réserves statutaires	1 285 000
Résultat	53 813
Dettes financières à plus d'un an	1 487 500
Provisions réglementées	35 875
Provisions pour risques et charges	1 107 855
Classe 4 : dettes	
Dettes d'exploitation à court terme	695 874
Dettes hors exploitation à court terme	430 875
Dettes bancaires à court terme (y compris la part des dettes financières à moins d'un an)	824 365
Total	**8 196 157**

Charges		Produits	
Achats de matières premières	2 755 685	Ventes	6 645 000
Variation des stocks de matières premières	-67 575	Production stockée	261 750
Services extérieurs	296 875	Produits financiers	22 400
Charges de personnel	3 115 452	Produits exceptionnels	380 000
Autres charges de gestion courante	85 732		
Dotations aux amortissements	651 667		
Charges financières	235 800		
Charges exceptionnelles	145 826		
Résultat	53 813		
Impôt sur les sociétés	35 875		
Total	**7 309 150**	**Total**	**7 309 150**

Chapitre 2

Prendre en compte le rôle de l'analyse stratégique dans l'analyse financière

Commodum ejus esse debet cujus periculum est
Le profit doit aller à celui qui prend le risque
(Adage juridique emprunté au droit romain)

L'analyse stratégique ne s'occupe, en général, des questions financières que de manière accessoire. Encore convient-il de dissocier les analystes stratégiques stricto sensu de l'usage que les analystes financiers font de l'analyse stratégique. L'analyse stratégique n'envisage d'ordinaire l'aspect financier des décisions stratégiques que sous l'angle de la contrainte. Les différentes activités de l'entreprise sont examinées en fonction des critères permettant de déterminer si elles génèrent des liquidités ou si elles en consomment.

Les paramètres pris généralement en compte se réfèrent aux modèles d'analyse stratégique les plus classiques :
- la croissance des marchés correspondant ;
- la part de marché que l'entreprise occupe ;
- la liberté dont l'entreprise dispose pour fixer ses prix (les positions respectives de « price maker » ou de « price taker » déterminant le niveau des marges) ;

- la capacité d'endettement (les entreprises les plus solides sont peu endettées et disposent donc d'une forte capacité d'endettement, alors que les entreprises les moins performantes ont généralement utilisé leur capacité d'endettement).

La solidité des positions concurrentielles occupées par l'entreprise doit se traduire normalement par une forte rentabilité, sans qu'il y ait de déterminisme entre niveau de rentabilité et part de marché relative (comme il était postulé dans la première génération des matrices d'analyse stratégique). En réalité, la première étape de toute analyse financière est de comprendre la contribution des différentes activités de l'entreprise à son résultat et de vérifier les relations effectives qui existent entre la position concurrentielle de l'entreprise dans l'ensemble de ses segments stratégiques et sa rentabilité.

1. Appréhender le rôle, les méthodes et l'influence des analystes financiers

Le premier travail de tout analyste financier est d'étudier le métier de l'entreprise dont il cherche à anticiper la rentabilité future.

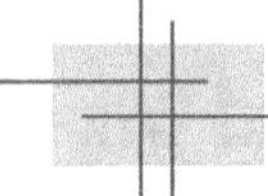

Les errements de la « bulle internet »

Ce qui peut apparaître comme une tautologie ne l'est certainement pas si l'on prend en considération les errements constatés lors de l'extraordinaire exubérance boursière occasionnée par la survenue de la « nouvelle économie » fondée sur les technologies de l'information et de la communication. Un certain nombre d'entreprises a été introduit sur les répliques européennes du N.A.S.D.A.Q. et sur ce marché lui-même *(National Association of Securities Dealers, Automatic Quoting System)* sans que manifestement leur business plan ait fait l'objet d'un audit sérieux.

Il est erroné de postuler que la nouveauté des technologies mises en œuvre interdisait la rigueur la plus élémentaire en ce qui concerne l'étude des états financiers prévisionnels. Évaluer la valeur d'une entreprise sur la base du nombre de connections qu'enregistre son site internet est pour le moins fantaisiste. Ce genre d'attitude n'est pas assimilable à une posture rationalisatrice *a posteriori* visant à absoudre les errements passés, mais relève du simple bon sens.

On a constaté historiquement que les périodes où des innovations technologiques sont mises à la disposition du plus grand nombre sont propices à l'émergence de grandes illusions collectives de la part des investisseurs (comme en témoignent les spéculations boursières qui accompagnèrent la naissance des chemins de fer vers 1850 ou les applications de l'électricité vers 1920).

Dans le même ordre d'idée, l'expérience montre que la rentabilité prévisionnelle des infrastructures de transport est toujours sujette à caution (ce qui explique *a posteriori* les limites des modèles économiques fondés sur la concession de telles infrastructures).

Mais, ce qui peut être mis sur le compte du dynamisme entrepreneurial n'est pas acceptable lorsqu'il s'agit de manœuvres plus complexes visant à faire accroire l'existence de services fiables technologiquement et rentables commercialement, et qui n'ont pour le moment pas tenu leurs promesses.

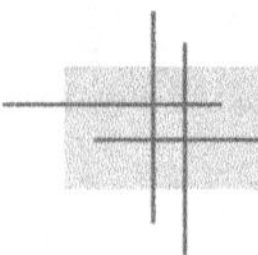

De simples manœuvres ?

La question des licences de téléphonie mobile dite de troisième génération (U.M.T.S. : *Universal Mobile Telecommunications System*) s'avère *a posteriori* pouvoir être interprétée comme une manœuvre destinée à permettre à certains constructeurs de téléphones portables européens de conserver leurs avantages compétitifs, tout en permettant aux États, actionnaires majoritaires des anciens monopoles de téléphonie fixe, de percevoir une partie des rentes considérables prélevées non seulement sur des entreprises publiques en phase de privatisation, mais encore sur des entreprises privées de téléphonie mobile en plein essor.

La survalorisation des licences U.M.T.S. reposait sur des hypothèses de consommation des services de téléphonie mobile parfaitement irréalistes. Même en faisant l'hypothèse que les technologies avaient atteint un degré de développement suffisant, le modèle économique sous-jacent apparaissait très fragile. Si l'analyse financière indépendante doit conserver une légitimité, c'est dans ce genre de situations qu'elle doit s'exprimer.

1.1 Le recours aux mêmes méthodes, quel que soit l'objectif de l'analyse

Les analystes financiers sont chargés d'analyser les actions des entreprises, qu'il s'agisse de préconiser leur vente (placement de titres) ou leur achat (investissements financiers). Qu'ils relèvent du *sell-side* ou du *buy-side*, ils remplissent une fonction répondant aux mêmes critères professionnels, même s'ils sont placés dans une situation de face-à-face.

Ils doivent anticiper la rentabilité prévisionnelle des titres et montrer que l'entreprise sous-jacente est susceptible d'atteindre des niveaux de rentabilité très élevés.

La crédibilité d'un taux brut de rendement de 9%

Même si la norme de 15 % de retour sur capitaux investis est de moins en moins invoquée après la chute des marchés des actions, un taux brut de rendement de 9 % (rapport entre le dividende et le cours) semble progressivement s'y substituer (sa crédibilité s'est accrue en raison de la chute des cours boursiers, ce qui facilite grandement sa concrétisation).

La préoccupation principale de l'analyse financière est de mesurer l'impact d'une décision stratégique, marketing ou technologique sur le bénéfice par action. Cette mesure est aléatoire, tant les conséquences d'une décision de gestion sur l'évaluation de la rentabilité anticipée sont indirectes et incertaines. En effet, les analystes financiers ne disposent que des données passées relatives aux entreprises. Ils ont certes capitalisé les connaissances relatives aux entreprises ou aux secteurs qu'ils suivent.

La première force d'une analyse financière est de reposer sur une banque de données abondamment renseignée.

Mais les informations réellement pertinentes concernent la stratégie future des entreprises. Ils sont certes les premiers destinataires de la politique de communication initiée par celles-ci, mais ils ne peuvent formuler un jugement à propos de leurs stratégies qu'après les avoir soumises à un examen critique approfondi.

1.2 L'évaluation du positionnement stratégique de l'entreprise

Les entreprises présentent des degrés de complexité différenciée selon leur taille, leur structure et leur métier. L'analyse d'une entreprise familiale mono-activité ne présente pas le même niveau de complexité que celle d'un conglomérat regroupant plusieurs divisions articulées autour de plusieurs métiers. En fait, toute entreprise doit faire l'objet d'une décomposition analytique permettant de procéder à une première évaluation de son positionnement stratégique.

■ La première étape consiste en l'identification de ses divisions, ses divisions étant décomposées en métiers, puis en familles de produits, puis en marchés. Une entreprise se caractérise d'abord par la somme des parts de marchés que ses différents centres d'analyse stratégiques (ou *Strategic Business Units*) occupent. Le meilleur indicateur de l'évolution de la compétitivité d'une entreprise demeure l'évolution de ses parts de marché. Les activités d'une entreprise sont ventilées en fonction de zones géographiques. Les taux de croissance de ses marchés ne sont pas, bien entendu, égaux aux taux de croissance des économies correspondantes. Néanmoins, il existe une corrélation générale entre le dynamisme macroéconomique et les évolutions des différents marchés.

■ Il est nécessaire de compléter cette première étude par l'évaluation de la maturité des différents couples marchés-produits sur lesquels l'entreprise est présente.

■ Parallèlement, les évolutions des coûts de production doivent être prises en compte.

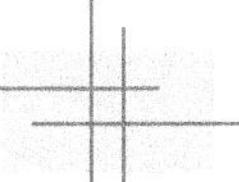

Les limites de l'extrapolation

L'inconvénient de cette analyse est son caractère extrapolatif. Elle considère l'entreprise dans sa configuration présente et envisage les variations de sa rentabilité en fonction des variations conjoncturelles des différents marchés sur lesquels elle est présente. Or, ce qui importe, ce sont les variations structurelles de la rentabilité et donc les stratégies de rupture initiées par l'entreprise et par ses concurrents, et non pas la prolongation des tendances déjà constatées.

1.3 L'approfondissement par les techniques de *benchmarking*

Les techniques dites d'étalonnage comparatif (*benchmarking*) permettent d'approfondir le positionnement stratégique d'une entreprise ou d'un centre d'analyse stratégique en comparant ses performances quantifiées par des indicateurs à celles d'entités similaires pour lesquels les mêmes indicateurs auront été calculés.

L'étalonnage comparatif est une analyse des meilleures pratiques, puis, une fois celles-ci identifiées, elles devraient faire normalement l'objet d'une transplantation au sein de l'organisation considérée. L'étalonnage concurrentiel consiste à comparer les performances de l'entreprise à celles de ses concurrents directs. La définition d'indicateurs non directement financiers pour évaluer le positionnement stratégique est la première étape d'une analyse financière.

Parmi ces indicateurs, on peut mentionner :

- les indicateurs relatifs aux activités de recherche et développement (part du chiffre d'affaires consacré aux activités de R&D, nombres de chercheurs, nombre de brevets déposés) ;

- les indicateurs relatifs à la production (productivité physique du système de production, rendement de la production), à la consommation des intrants et des services extérieurs, à la fiabilité des systèmes de production (nombre de pannes) et des produits (nombre de rappels de produits pour des défauts de production) ;

- les indicateurs relatifs à l'organisation du système productif (niveau de sous-traitance et stratégie d'impartition, c'est-à-dire développement de capacité de production en commun par des entreprises rivales : part des achats et des services extérieurs dans la production et le chiffre d'affaires) ;

- les indicateurs relatifs au marketing (nombre de nouveaux produits lancés, dépenses de publicité et de promotion commerciale, structure et productivité des réseaux de distribution).

La force des cabinets de conseils est tributaire de la qualité de leurs bases de données

Les comparaisons permettent d'identifier les points forts et les points faibles de l'entreprise et surtout la contestabilité de ses marchés (barrières à l'entrée, innovations permettant de modifier l'équilibre concurrentiel, lancement de produits et de services nouveaux permettant à un des concurrents d'acquérir un avantage concurrentiel durable).

La difficulté de l'exercice réside, non pas dans l'élaboration du diagnostic, mais dans la collecte de données fiables. Une des forces des grands cabinets de conseil est de disposer de bases de données, alimentées au fur et à mesure des missions accomplies, qui permettent d'établir un diagnostic stratégique fondé sur des indicateurs validés. Le coût d'acquisition de ces données est élevé et suppose une actualisation permanente à visée prospective. C'est la raison pour laquelle les analystes financiers sont généralement spécialisés par secteurs. La valeur de leurs études réside, entre autres, dans la capitalisation des expériences et dans l'exploitation des connaissances accumulées.

1.4 Pertinente mais complexe et risquée, l'analyse des décisions stratégiques

Mais les analyses les plus pertinentes se rapportent aux décisions stratégiques prises par les grandes entreprises. Les interrelations entre les mouvements stratégiques majeurs et la rentabilité prévisionnelle des entreprises sont très difficiles à évaluer. Les analystes financiers sont confrontés à des groupes dont le périmètre évolue constamment. Les variations des périmètres de consolidation ont des incidences sur le bénéfice net parfois supérieures à l'évolution des autres paramètres économiques (croissance des activités en valeur et en volume, variation des taux de change, modifications dans la structure des coûts).

Ces mouvements stratégiques concernent en priorité les acquisitions de nouvelles activités ou d'entreprises relevant du même métier ou d'autres métiers, les cessions d'activités, les fusions et les scissions. Anticiper la rentabilité prévisionnelle de groupes dont la configuration évolue significativement (qu'il s'agisse d'une stratégie de diversification dans d'autres métiers ou qu'il s'agisse de l'acquisition d'entreprises effectuant le même métier) est un exercice très risqué.

La prudence s'impose

Compte tenu des taux d'échec des fusions et des taux d'échec des nouveaux produits (plus des quatre cinquièmes des lancements), il est préférable d'envisager plusieurs scénarios d'évolution. Il est dangereux d'accorder trop de crédit aux discours tenus par les dirigeants pour légitimer leurs politiques. Tout homme d'action pèche nécessairement par optimisme. Il est préférable de mettre en évidence les hypothèses sous-tendant les différentes possibilités d'évolution des groupes. Cette posture prudente est d'autant plus légitime qu'il existe une forte asymétrie d'informations entre des analystes financiers extérieurs et les dirigeants d'une entreprise.

Le cas des fusions d'entreprises est symptomatique de la sous-estimation des difficultés rencontrées par la mise en œuvre des grandes décisions stratégiques.

Les cabinets de consultants ont tendance à surestimer les économies de coûts résultant de la fusion d'entreprises pratiquant des métiers similaires.

Elles sont supposées résulter d'un double processus :

- Les effets de synergie résultent de la fusion des organigrammes et de la suppression des doubles chaînes hiérarchiques et des doublons fonctionnels ;

- Les économies d'échelle résultent de la baisse unitaire des coûts de production en fonction de la croissance de la taille des quantités produites. Mais les coûts supplémentaires induits par la coordination et la direction d'ensembles économiques beaucoup plus vastes sont structurellement méconnus ou sous-évalués : il n'est pas dans l'intérêt des cabinets spécialisés dans ce type d'opérations de les mettre trop fortement en évidence.

Par ailleurs, les baisses de coûts induites par les fusions sont généralement quantifiées de manière trop optimiste. En effet, les études prévisionnelles procèdent d'une vision trop mécaniste des organisations qui prennent insuffisamment en considération les inerties et les pesanteurs sociologiques, voire les dimensions culturelles, qui expliquent souvent l'échec des fusions entre entreprises.

En outre, la croissance des quantités produites sous-estime les coûts générés par l'adaptation des produits aux spécificités des différents marchés desservis par une même entreprise.

Le taux d'échec n'empêche pas la course à la taille critique

Le taux d'échec des fusions est probablement supérieur aux deux tiers, si on évalue la réussite de telles opérations à l'aune de la création de la valeur boursière qui en résulte, autrement dit aux parcours boursiers comparés des actions des entreprises avant leur fusion et du nouvel ensemble constitué après fusion.

Néanmoins, la course à la taille critique, voire un certain tropisme au gigantisme, suffit à légitimer la constitution de groupes internationaux à la taille sans commune mesure avec celle des trusts, des cartels, des Zaïbatsus ou des Konzerns qui avaient émergé lors de la deuxième révolution industrielle.

L'entreprise demeure un système relativement opaque pour les observateurs extérieurs. C'est la raison pour laquelle les analystes financiers ont une certaine préférence pour les entreprises faciles à analyser, disposant d'un nombre de produits limités et dont la stratégie est claire :

- Les entreprises à l'activité complexe, dont les structures sont incertaines et la stratégie aléatoire, souffrent d'un préjugé défavorable.

- Les entreprises à la stratégie aisément lisible bénéficient d'un *a priori* positif, ce qui expliquerait la décote boursière des sociétés holding et des conglomérats.

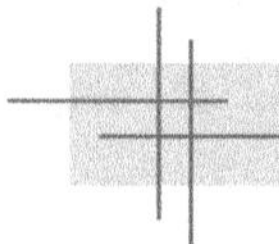

L'objectif d'une meilleure valorisation par les marchés financiers

Certains mouvements stratégiques, ces dernières années, s'expliquent par la volonté de clarifier les activités des entreprises afin qu'elles soient mieux valorisées par les marchés financiers. Certaines scissions d'entreprises ont été décidées afin que les activités les plus rentables soient mieux valorisées, tandis que les activités moins profitables sont isolées dans des structures vouées à être délaissées par les analystes financiers. C'est le cas, en particulier, des activités à forte intensité capitalistique qui nécessitent des volumes d'investissement très importants pour maintenir leur compétitivité et dont la rentabilité doit s'apprécier sur le long terme.

1.5 Une fragile capacité d'anticipation

En réalité, les entreprises restent les maîtresses du jeu. Quelles que soient les qualités des analystes financiers, ils ne sont pas en mesure évidemment d'anticiper à coup sûr les variations de rentabilité des entreprises. Ces dernières annoncent des prévisions de résultats, ajustent leurs prévisions en fonction du déroulement de l'activité, émettent des avertissements sur les résultats *(profit warnings)* si ceux-ci s'avèrent décevants, et les analystes financiers sont placés devant le fait accompli. Il ne leur reste plus qu'à renoncer à leurs investissements et à vendre les titres sous-performants, tout en conservant les titres sur-performants.

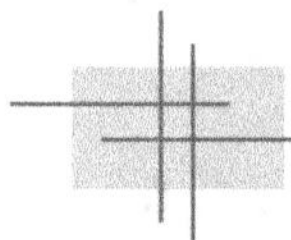

Asymétrie de réaction en contexte haussier ou baissier

En règle générale, les marchés financiers sont plus prompts à très court terme à sanctionner les résultats inférieurs aux prévisions qu'à récompenser les résultats supérieurs aux anticipations. Dans un contexte baissier ou pessimiste, les informations négatives sont plus vite intégrées dans les cours que les informations positives. Dans un contexte haussier ou optimiste, la situation inverse se produit. En fait, cette asymétrie s'explique par de simples considérations psychologiques. Les intervenants sur les marchés financiers sont plus sensibles et plus réceptifs aux informations qui corroborent leurs anticipations.

De toute manière, les informations fondamentales ne sont susceptibles que d'expliquer les variations de cours qui se produisent après leur divulgation. Ce sont des événements rares qui ne peuvent en aucun cas expliquer les variations incessantes et ordinaires qui agitent les cours des titres et des actifs les plus activement traités sur les marchés financiers.

Il en résulte que les nouvelles théories boursières accordent une place prépondérante aux facteurs purement aléatoires pour expliquer les variations des cours.

1.6 Une position d'influence grâce aux prophéties autoréalisatrices

Il n'en demeure pas moins que les analystes financiers peuvent susciter la hausse ou la baisse des actions par leurs simples préconisations en application de la théorie dite des prophéties auto-réalisatrices (les « self-fulfilling prophecies » de Robert Merton). En désignant les titres qui possèdent un potentiel d'appréciation, ils attirent sur eux l'attention des investisseurs, les invitent à s'en porter acquéreurs et provoquent *in fine* la hausse des cours.

Ce type de mécanisme est surtout constatable pour les capitalisations étroites et peu liquides pour lesquelles des ordres d'achat portant sur des quantités réduites suffisent à susciter un mouvement haussier.

2. Prendre conscience de l'influence de la globalisation sur l'évaluation des entreprises

La mondialisation des économies se traduit par l'émergence d'entreprises qui, si elles restent marquées par leurs nationalités d'origine (Renault reste français comme Nissan reste japonais, et Daimler reste allemand comme Chrysler une entreprise des États-Unis, malgré leur fusion) sont des conglomérats aux activités multinationales.

2.1 Les multinationales deviennent des nébuleuses de sites procédant à des échanges multiples de flux matériels, informationnels et financiers

La globalisation se traduit par l'apparition d'entreprises qui sont assimilables à un ensemble de sites de production et de distribution localisés à travers le monde. Il est de plus en plus difficile de discerner l'influence des conjonctures nationales sur la rentabilité des entreprises cotées. De surcroît, les flux sont échangés entre des entités appartenant au même groupe ou entre entités appartenant à des groupes différents, voire indépendantes.

La globalisation avec des entreprises indépendantes se traduit donc par :

- la montée des stratégies d'externalisation et de sous-traitance : la part des achats de matières premières, de composants et de prestations de service achetée à l'extérieur dans des entreprises localisées à l'étranger est en croissance constante. Elle est corrélée avec la spécialisation des sites de production et avec la délocalisation des activités à faible valeur ajoutée et à forte intensité de main-d'œuvre non qualifiée ;

■ la spécialisation des sites locaux de production dans une ligne unique de produits afin de bénéficier au maximum des économies d'échelles et des effets d'apprentissage qui se traduisent *in fine* par une baisse du coût unitaire de production (en application de la théorie de la taille critique) ;

■ la commercialisation des produits finis sur l'ensemble des marchés solvables. Les fluctuations propres aux marchés émergents conduisent à des décisions d'investissement réversibles, autrement dit des désinvestissements en cas de brutal retournement conjoncturel ;

Exemples d'instabilité et exclusion

Les économies sud-américaines sont ainsi caractérisées par une instabilité chronique aussi bien en ce qui concerne les phases haussières que les phases baissières des cycles économiques avec des amplitudes de croissance positive et négative très prononcées. Certaines zones économiques demeurent à l'écart des flux de la mondialisation (la majeure partie de l'Afrique et certaines économies asiatiques).

■ le financement des différentes entités productives et commerciales auprès des banques locales et ou des filiales locales des banques internationales (du moins lorsque les décisions et les procédures de financement ne sont pas centralisées au sein du groupe) ;

■ la cotation *in fine* sur plusieurs places financières.

Cette globalisation des activités transforme l'entreprise en une nébuleuse de sites entre lesquels les flux matériels et financiers sont échangés en tous sens. Et pourtant, cette mondialisation est paradoxale.

2.2 Les conséquences de la mondialisation sont paradoxales

A – *Les multinationales sont de plus en plus autonomes dans leur fonctionnement...*

■ Les entreprises multinationales ont étendu leurs activités au niveau mondial. Elles sont de moins en moins dépendantes de la conjoncture d'une zone géographique donnée, tant en ce qui concerne leurs approvisionnements que leurs débouchés.

■ Elles sont de moins en moins tributaires de marchés spécifiques et cherchent à acquérir des parts des marchés dans les trois zones économiques dominantes (Amérique du Nord, Asie du Sud-Est et de l'Est, Europe).

■ Elles sont capables de mutualiser les risques que présentent les zones géographiques considérées individuellement, tant en ce qui concerne leurs achats que leurs ventes.

B – *...Mais restent tributaires du dollar...*

Derrière la multiplicité des devises cotées sur les marchés des changes, il n'existe en réalité qu'une seule monnaie internationalement demandée et reconnue, le dollar des États-Unis, les autres monnaies se définissant par rapport à celle-ci (l'euro n'ayant pas encore acquis un statut de monnaie internationale équivalent).

C – ...Et les cotations demeurent attachées à la nationalité d'origine des firmes...

Et pourtant, les cotations restent nationales, au sens où l'on a constaté que, pour une entreprise multinationale se faisant coter sur plusieurs places boursières, les transactions demeurent les plus importantes, dans la majorité des cas, sur le marché boursier correspondant à sa nationalité historique. La mondialisation des flux de capitaux n'interdit pas l'ancrage national des lieux de cotation. Ainsi, les principales capitalisations des places boursières nationales se rapportent à des entreprises aux activités mondialisées.

D – ...Pendant qu'intervient un découplage croissant entre conjoncture internationale et marchés boursiers nationaux

Il existe un découplage croissant entre la conjoncture d'une économie donnée et celle des principales entreprises cotées sur la place financière nationale. La conjoncture économique d'un pays donné est de moins en moins reflétée par les mouvements à la hausse ou à la baisse des principaux indices de sa Bourse nationale.

Ce découplage entre conjoncture macroéconomique et marchés boursiers nationaux doit être relativisé en fonction des secteurs d'activités : la sensibilité des secteurs économiques au cycle économique diffère selon leurs spécificités propres.

- Les secteurs les plus sensibles demeurent les produits primaires (métaux et acier) et ceux dont les productions représentent la partie la moins prioritaire de la consommation des ménages (électronique, médias et télécommunications, tourisme et loisirs) ;

- Les secteurs moyennement sensibles à la conjoncture macroéconomique sont la chimie, l'énergie, la grande distribution, les moyens de transport et les autres biens de consommation. Les biens d'équipement suivent le cycle des investissements (les services informatiques aux entreprises étant soumis à une conjoncture beaucoup plus prononcée que les investissements matériels), tandis que l'activité dans le domaine des matériaux de construction dépend de la conjoncture du secteur du bâtiment et des travaux publics ;

- Les secteurs les moins sensibles concernent les produits de consommation de base (papier, produits de la chimie fine, produits agroalimentaires, autres services).

- Les anciens secteurs publics (*utilities sector*) nationalisés ou concédés (eau, gaz, électricité, téléphone, santé) sont en général moins sensibles aux fluctuations conjoncturelles. Mais le développement des entreprises qui résultent du démantèlement des anciens monopoles publics diverge en fonction de la croissance respective des différents marchés et des modalités de leur solvabilisation. Il est probable que la téléphonie mobile n'aurait pas connu de tels taux de croissance si l'offre était restée l'apanage de quelques monopoles publics.

L'effet pervers du financement des dépenses de santé

La demande en prestations de santé enregistre une très forte croissance dans tous les pays développés et le caractère majoritairement socialisé de son financement peut être considéré comme un frein au développement du complexe bio-médical, et donc comme une limite institutionnelle entravant la croissance des économies les plus modernes.

Le passage de l'analyse macroéconomique (par zones économiques ou par pays) à l'analyse sectorielle ou mésoéconomique (par filières) doit prendre en compte les décalages conjoncturels qui existent entre ces deux niveaux.

80

Le passage de l'analyse sectorielle à l'analyse d'entreprises individuelles doit également prendre en compte la singularité de leur positionnement stratégique au sein de leurs métiers.

À retenir

✔ Il existe une certaine similitude entre les métiers d'investisseur et de dirigeant d'entreprise. Les deux fonctions amènent à composer un portefeuille d'actions ou d'activités permettant de maximiser la rentabilité des placements financiers ou des capitaux engagés. Les deux fonctions amènent, donc, à procéder à des arbitrages entre métiers, à investir dans les activités à forte rentabilité anticipée et à abandonner celles qui présentent des perspectives de rentabilité insuffisantes.

✔ Mais il convient de ne pas procéder à des assimilations trop hâtives. Le conseil en stratégie se focalise principalement sur les logiques techniques spécifiques à chacun des métiers, alors que l'investissement financier aborde ces questions exclusivement sous l'angle économique. L'approche financière est nécessairement réductrice par rapport à une approche fondée sur les compétences professionnelles requises pour exercer un métier donné.

✔ La composition d'un portefeuille d'activités présente quelques similitudes avec la composition d'un portefeuille d'actions. C'est la raison pour laquelle les investisseurs financiers préfèrent les entreprises mono-activité (« pure players »), dont les actions sont clairement assimilables à un métier donné aux conglomérats multi-activité (leurs dirigeants ayant déjà composé le portefeuille d'activités qu'ils jugent souhaitable et se sont donc substitués aux investisseurs financiers). Il convient de sélectionner les secteurs les plus porteurs en termes de croissance et de rentabilité, de diversifier les risques en compensant les moindres performances potentielles par les meilleures performances prévisibles et d'abandonner les secteurs situés dans des impasses économiques et stratégiques.

✔ Toutefois il est plus simple de vendre une ligne d'un portefeuille d'actions que de procéder à un désinvestissement industriel et commercial. Les talents exigés pour sélectionner les actions au plus fort potentiel d'appréciation ne sont pas comparables à ceux dont il faut user pour gérer une entreprise. La gestion financière est un exercice distancié, tandis que la direction au jour le jour d'une entreprise est une confrontation permanente avec la réalité.

Chapitre 3

Comment les analystes interprètent-ils les états financiers ?

> *Interpretatio cessat in claris*
> *L'interprétation est exclue des cas clairs*
> (Adage juridique emprunté au droit romain)

Seuls les dirigeants, les responsables financiers et, à moindre degré les bailleurs de fonds directs (banquiers, investisseurs en capital-risque), ont une connaissance effective de la situation financière d'une entreprise. Les autres intervenants doivent se satisfaire des données comptables et financières communiquées par l'entreprise, ainsi que des informations relatives à sa stratégie obtenues par différents canaux de communication.

En réalité, l'analyse financière est rarement exhaustive, ce qui est normal car l'étude fastidieuse de l'ensemble des ratios financiers ne permet que rarement d'obtenir une vision synthétique permettant de mettre en évidence les points significatifs. L'analyse financière synthétique, en fait, se réfère à quelques indicateurs (« des abrégés du réel ») qui suffisent à décrire le statut financier d'une entreprise avant d'entreprendre une analyse plus approfondie, mais souvent qui n'apporte que des éléments d'information marginaux confortant les premières analyses.

1. Préalables à propos de la méthode des ratios

1.1 Cinq ratios de base pour un diagnostic rapide

Une analyse financière se résume à cinq ratios.

■ Les deux plus importants d'entre eux sont ceux qui sont en mesure de prédire une cessation de paiements imminente. Il s'agit de la part que les frais financiers représentent dans le chiffre d'affaires (entre 3 et 5 %, l'entreprise doit être placée sous surveillance : au-delà de 5 %, la probabilité d'un dépôt de bilan est élevée). Ce ratio doit être confirmé par la part des frais financiers dans l'excédent brut d'exploitation (la frontière critique étant de 50 %).

■ Le ratio de fonds de roulement mesure la part des capitaux permanents finançant des emplois à court terme. Il peut être exprimé de différentes manières, la plus simple demeurant le rapport entre les stocks et le fonds de roulement (ce dernier devant couvrir au moins 50 % des valeurs d'exploitation).

■ Le ratio de liquidité restreinte, égal au total des créances à moins d'un an et des disponibilités rapporté aux dettes à moins d'un an doit être supérieur à 1. Il indique la capacité de l'entreprise à faire face à ses obligations à court terme.

■ Le montant des capitaux extérieurs à plus d'un an ne doit pas excéder celui des capitaux propres après retraitement. La part des capitaux propres dans les capitaux permanents ne doit pas être inférieure à 50 %.

Ces cinq ratios permettent à tout observateur extérieur de se faire une idée suffisamment précise de la situation financière d'une entreprise très rapidement. Apparemment, le calcul de ces ratios est

84

facile et, surtout, il est possible de les rapporter à des grandeurs dont la valeur fait l'objet d'un consensus au sein de la communauté financière.

1.2 La question de la rentabilité des fonds propres

Il n'est pas fait mention d'un ratio normatif en matière de rentabilité des fonds propres. Il a souvent été argué pendant la période d'euphorie boursière que les investisseurs, en particulier les fonds d'investissements américains, exigeaient un taux minimal de rentabilité des fonds propres (« R.O.E. : *return on equity* ») de 15 % pour se porter acquéreurs des actions des grandes entreprises.

Une norme déraisonnable

Ces investisseurs sont trop avisés pour ne pas savoir que d'un point de vue macroéconomique, la rentabilité des entreprises est soumise à des fluctuations cycliques qui dépend des différents paramètres : évolution des marchés, cycle des investissements, niveau soutenable de l'endettement et répartition de la valeur ajoutée entre les différentes parties prenantes de l'entreprise *(stakeholders)*. En conséquence, il est déraisonnable de fixer une norme minimale de rentabilité des fonds propres de l'entreprise, surtout si elle doit être respectée sur une longue période. De surcroît, cette norme concerne les grandes entreprises.

Pour ce qui a trait aux petites et moyennes entreprises, la situation est plus complexe.

L'arrivée dans leur capital de fonds d'investissements privés *(private equity)*, surtout dans le cas des opérations de rachat d'entreprises par des actionnaires privés associés aux cadres de l'entreprise (L.B.O. :

leveraged-buy-out), peut modifier radicalement leurs équilibres managériaux : restructuration des systèmes de production et de distribution, redéfinition du marketing, forte croissance ponctuelle du chiffre d'affaires et amélioration sensible de la rentabilité.

Mais les taux de rentabilité obtenus ne sont, en général, pas soutenables sur le long terme (sauf si les marchés connaissent une forte croissance, comme dans le cas de certains segments dans les nouvelles technologies de l'information et de la communication).

De plus, les excédents financiers dégagés servent à rembourser l'emprunt gagé sur les actions de l'entreprise contracté pour le rachat de l'entreprise à ses anciens propriétaires.

1.3 Relativiser les principes de l'analyse financière

Il convient de relativiser cette approche pour un certain nombre de considérations qui, si elles ne remettent pas en cause les préceptes précédemment énoncés, les nuancent fortement.

- Les indicateurs constituent des référentiels nationaux et ils n'ont pas nécessairement une valeur universelle compte tenu des structures de financement différentes des entreprises selon les pays (surtout en ce qui concerne la part respective des capitaux empruntés et des capitaux propres dans les capitaux permanents, et le niveau du fonds de roulement).

- La méthode d'analyse des comptes est immuable et doit s'appuyer sur les normes comptables en vigueur. La créativité appliquée à l'analyse financière doit être envisagée avec la plus grande circonspection. Les états financiers sont produits avec une fréquence qui dépend des normes légales en vigueur dans chacun des pays.

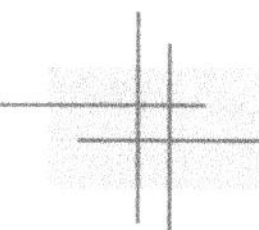

Protection contre les dérives de court terme

Afin d'éviter les dérives gestionnaires focalisées sur les objectifs de court terme, les entreprises européennes cotées ont refusé de s'aligner sur les normes nord-américaines en matière de publication des résultats (publications semestrielles et non trimestrielles des comptes).

Les ratios doivent être interprétés avec une certaine distance. Certes, ils ne prennent de sens que par rapport à leur évolution (analyse diachronique) et par comparaison avec les entreprises du même secteur ou présentant des caractéristiques similaires (analyse synchronique). Mais les indicateurs de structure financière doivent être replacés dans le cadre plus général de l'analyse macro-économique. Une entreprise, surtout si elle est de grande taille, ne suscite pas une défiance générale à la vue de quelques ratios. Ses performances doivent être appréciées dans le long terme.

1.4 Une différence de traitement selon la taille de l'entreprise

À cet égard, il existe des différences de traitement radicales entre les grandes et les moyennes et petites entreprises, surtout de la part du système bancaire.

Une entreprise disposant d'une faible marge de manœuvre ou sans grande capacité d'influence subira une hausse de la prime de risque qu'elle verse à ses banquiers si elle présente une structure financière non conforme aux principes de l'orthodoxie financière.

Inversement, les grandes entreprises bénéficient d'un statut particulier. Qui plus est, en période de rationnement de crédit *(credit crunch)*, l'accès des petites et moyennes entreprises au crédit est fermé dès qu'elles ne respectent plus les ratios prudentiels de structure financière.

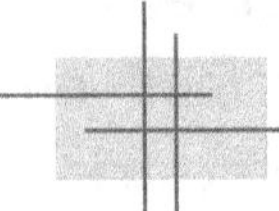

Un comportement absurde

Ce comportement tend à prolonger les phases récessives, comme l'a montré de manière absurde la crise de l'économie japonaise de la décennie 90.

Le principe du « too big to fail » s'applique aux grandes entreprises industrielles et commerciales qui bénéficient, dans une certaine mesure d'une attention bienveillante de la part des pouvoirs publics.

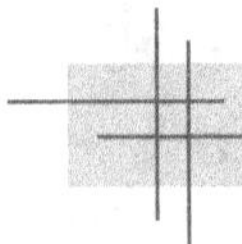

Exceptions au principe du « too big to fail »

Les grandes entreprises appartenant au patrimoine industriel d'un pays et qui font faillite (comme les groupes français Creusot-Loire ou La Manufacture des Armes et des Cycles de Saint-Etienne, l'ancien premier groupe allemand du B.T.P. Philip Holzmann ou l'ancien concurrent de Siemens, Allgemeine Elektrizitäts Gesellschaft.) constituent l'exception.

Les grands groupes en difficulté sont généralement restructurés ou adossés à des groupes plus solides. Le surendettement des entreprises permet également, dans certains cas, d'inverser les rapports de dépendance entre débiteurs et créanciers.

Lorsqu'une grande entreprise est menacée de faillite, les banquiers doivent arbitrer entre la perte certaine de leurs créances en cas de liquidation de l'entreprise et une probabilité de récupération des fonds prêtés, à condition le plus souvent qu'ils financent le redressement de l'entreprise se trouvant en difficulté (que ce soit par abandon de créances, par transformation des dettes bancaires en capitaux propres, ou par octroi de nouveaux crédits). Cet arbitrage dépend des rapports de force entre l'entreprise et ses banques d'une part, des interventions d'acteurs économiques et politiques extérieurs, d'autre part.

Mais le problème fondamental affectant les entreprises après la résorption d'une bulle financière a trait à la structure de leur actif. En effet, si ces entreprises ont procédé à des acquisitions d'entreprises (part de contrôle supérieure à 50 % de leur capital social, voire simple position d'actionnaire dominant) à un cours boursier supérieur à la valeur comptable de leur actif net, elles font apparaître à l'actif de leurs comptes consolidés, une survaleur *(goodwill)*. Si le prix d'acquisition d'une entreprise acquise est supérieur à sa valeur nette comptable, il apparaît un écart positif dans les comptes consolidés qui doit obligatoirement être amorti (sur une durée d'au plus cinq ans, voire vingt ou quarante ans à condition que cette durée puisse être justifiée). La contrepartie de cet amortissement est imputée sur les réserves consolidées.

Cette disposition est essentielle et peut entraîner des pertes considérables si une entreprise a procédé à de nombreuses acquisitions d'entreprises qui s'avèreront par la suite fortement surévaluées, voire totalement dénuées de valeur.

Les plus grandes pertes comptables jamais constatées

Il en est ainsi des nombreuses *start-up* acquises à des prix sans rapport avec leur valeur économique suite à l'intense spéculation boursière qui a présidé à l'émergence de la netéconomie. Cette constatation de la non-valeur des actifs acquis est la source des plus grandes pertes comptables jamais constatées dans l'histoire mondiale des entreprises. Elles ont concerné des entreprises comme America On Line-Time Warner, Deutsches Telekom, France Télécom ou Vodafone, qui ont dû enregistrer des dévalorisations considérables d'actifs *(write-offs)* acquis à des prix sans rapport avec leur valeur économique réelle.

Toutefois, il faut bien distinguer le cas des entreprises pour lesquelles l'ajustement des prix des actifs consolidés est une simple écriture comptable (qui certes se traduit par une perte de valeur d'un montant parfois gigantesque), de celles qui sont simultanément affectées par une crise de trésorerie.

En effet, lors d'une opération de fusion, le paiement s'effectue :
- soit sous la forme d'un échange de titres (ce qui suppose la fixation d'une parité d'échange) ;
- soit sous la forme d'un paiement en liquidités ;
- soit sous la forme d'une combinaison des deux modes de rémunération.

Les raisons de la crise des monopoles publics des télécommunications

La crise des anciens monopoles publics des télécommunications s'explique par le fait qu'ils n'ont pas été autorisés à émettre des actions pour rémunérer leurs acquisitions (et donc transférer le risque de variation des cours de leurs actions sur les cédants des entreprises acquises), leurs États respectifs désirant à l'époque conserver la majorité de leur capital. Les sociétés de télécommunications ont donc dû s'endetter pour acquérir des entreprises qui se sont avérées par la suite largement surévaluées, voire dépourvues de

> valeur. Si les acquisitions avaient été rémunérées par des titres, les cédants auraient subi par contrecoup la dévalorisation de leur rémunération au fur et à mesure de la dépréciation des actifs qu'ils avaient cédés.

Une des raisons expliquant la langueur des cours boursiers, la longue stagnation boursière qui succède à la phase de résorption des bulles spéculatives, réside dans le temps requis pour ajuster progressivement la valeur boursière des entreprises à leurs valeurs comptables, c'est-à-dire patrimoniales. Après l'éclatement des bulles spéculatives, les comptes consolidés des grandes entreprises peuvent receler des actifs fictifs sous la forme de survaleurs non amorties. Celles-ci peuvent représenter une fraction significative de la capitalisation d'une place boursière.

1.5 L'analyse fondamentale ne parvient pas à rendre compte des comportements boursiers

Les logiques sous-tendant le fonctionnement des marchés boursiers ne recoupent que partiellement celles guidant l'analyse financière.

A – La fausse naïveté des observateurs...

Les observateurs, feignant une fausse naïveté, constatent souvent le comportement apparemment absurde des cours boursiers. Les intervenants sont supposés aménager leurs positions sur des titres en fonction de l'écart entre leurs anticipations et les données réelles. Un écart favorable devrait entraîner une hausse des titres et un écart défavorable entraîner une baisse des titres, si les cours devaient refléter à tout moment l'ensemble des informations reconnues comme vraies concernant les entreprises qu'ils représentent, voire symbolisent (le terme est choisi à dessein, tant l'écart entre la valeur comptable et la valeur boursière d'une entreprise peut être élevé).

B – ...Devant un processus complexe en grande partie inexpliqué

La réalité est beaucoup plus complexe à analyser et à rationaliser *a posteriori*. Il est aisé de constater que les informations sur une entreprise particulière ne sont qu'un des facteurs déterminant la variation des cours des actions. La formation des cours boursiers est un processus complexe, en grande partie non expliquée, qui n'est pas exclusivement imputable aux paramètres dérivés de l'analyse financière foncamentale (même si son assimilation à un processus strictement aléatoire est excessive). Par ailleurs, il est absurde de postuler que les marchés financiers sont inefficients à court terme et ont raison à moyen et à long terme.

Les performances des entreprises ne sont qu'un des éléments pris en compte par les investisseurs boursiers.

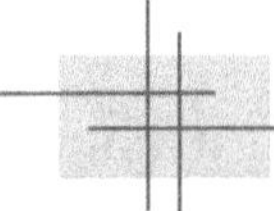

Asymétrie de comportement

Certes, les entreprises connaissant des difficultés financières ont quasiment toujours des cours bas. Mais l'assertion réciproque n'est pas validée dans les mêmes proportions. Nombre de moyennes et grandes entreprises à forte rentabilité ont des parcours boursiers décevants, surtout dans des contextes macroéconomiques défavorables aux marchés financiers.

L'analyse fondamentale, tant stratégique que financière, ne suffit pas à rendre compte des comportements des intervenants boursiers. Mais elle demeure un prérequis indispensable.

2. Comment étudier les soldes remarquables du bilan

Un bilan se définit comme l'image la plus fidèle possible du patrimoine (actifs et passifs) d'une entreprise à la date à laquelle il a été établi, du moins tant que ses éléments constitutifs ne doivent pas être évalués à leur valeur de marché.

Son étude est caractérisée par quelques soldes remarquables, dont le calcul restera toujours un prérequis indispensable, quelles que soient les méthodes de comptabilisation utilisées :

- Le fonds de roulement net (F.R.N.) est égal au total des ressources à plus d'un an (capitaux permanents) moins le total des emplois nets à plus d'un an (valeurs immobilisées nettes) ;

- Le besoin en fonds de roulement d'exploitation (B.F.R.E.) est égal au total des emplois d'exploitation à moins d'un an (stocks et créances d'exploitation à court terme) moins les ressources hors exploitation à moins d'un an (dettes d'exploitation à court terme) ;

- Le besoin en fonds de roulement hors exploitation (B.R.E.H.E.) est égal au total des emplois hors exploitation à moins d'un an (créances hors exploitation à court terme) moins les ressources hors exploitation à moins d'un an (dettes hors exploitation à court terme) ;

- La trésorerie nette (T.N.) est égale aux liquidités à court terme (trésorerie et placements à court terme) moins les dettes bancaires et financières à court terme.

Structure simplifiée d'un bilan (optique bancaire)

ACTIF		PASSIF
Classe 2 : Immobilisations Valeur brute Amortissements & Provisions Immobilisations incorporelles Immobilisations corporelles Immobilisations financières	Valeur nette	**Classe 1 : Capitaux permanents** Capitaux propres Réserve légale Réserve statutaire Résultat Dettes financières à plus d'un an Provisions réglementées Provisions pour risques et charges
Classe 3 : Valeurs d'exploitation Matières premières Produits semi-finis Produits finis	Valeur nette Valeur nette Valeur nette	
Classe 4 : Créances Créances d'exploitation Créances hors exploitation	Valeur nette Valeur nette	**Classe 4 : Dettes** Dettes d'exploitation à court terme Dettes hors exploitation à court terme Dettes bancaires à court terme (y compris la part des dettes financières à moins d'un an)
Classe 5 : Valeurs réalisables et disponibles Valeurs mobilières de placement Trésorerie	Valeur nette	
Comptes de régularisation		**Comptes de régularisation**

Comme le bilan est équilibré (actifs = passifs), l'équation de base demeure :

$$\text{F.R.N.} = \text{B.F.R.E.} + \text{B.F.R.H.E.} + \text{T.N.}$$

2.1 Le fonds de roulement

Cette première approche permet de définir les besoins de trésorerie comme le solde des besoins en fonds de roulement qui n'est pas couvert pas le fonds de roulement.

Le fonds de roulement net peut se définir comme l'excédent des ressources à long terme destiné à couvrir les emplois à court terme. Cet excédent constitue la marge de sécurité permettant de financer le cycle d'exploitation avec des ressources qui ne sont pas exigibles pendant la durée de l'exercice comptable.

Le niveau optimal du fonds de roulement est usuellement estimé à la moitié de la valeur des stocks, voire les deux tiers de celle-ci, mais celui-ci doit être déterminé de manière plus précise en fonction des caractéristiques inhérentes à l'activité de l'entreprise.

L'orthodoxie doit parfois s'effacer devant des considérations d'opportunités

En matière d'analyse financière, les considérations générales doivent toujours être nuancées et précisées en fonction de la situation concrète dans laquelle l'entreprise se trouve.

Ces échéanciers doivent être révisés en fonction de la longueur du cycle d'exploitation et la distinction entre court terme et long terme perd toute sa signification lorsque celle-ci excède une année (cas de la fabrication des biens d'équipement industriels ou des chantiers de grande dimension).

Inversement des entreprises peuvent bénéficier de crédits à court terme suffisamment importants pour être en mesure de financer des emplois longs par des ressources courtes.

L'orthodoxie doit s'effacer devant les opportunités offertes par les conditions financières prévalant dans certains secteurs économiques.

Le fonds de roulement doit être rattaché au cycle des investissements et des financements à long terme. Les dépenses d'investissements, les cessions d'actifs, les souscriptions d'emprunts et les remboursements d'annuités, les augmentations de capital et les rachats d'actions sont des opérations qui se traduisent par des mouvements de trésorerie. Leur principale caractéristique est leur nature non récurrente, voire exceptionnelle.

Toutefois, la principale source d'accroissement des fonds propres demeure l'autofinancement, c'est-à-dire les dotations aux amortissements, les dotations aux provisions à long terme et la part du bénéfice net non distribuée.

En conséquence, lors de l'établissement du budget prévisionnel de trésorerie, il est possible de programmer ces sorties de trésorerie de forte ampleur à des périodes pendant lesquelles l'entreprise bénéficie d'une situation de trésorerie excédentaire. L'optimisation de la gestion de trésorerie est d'abord une question de programmation dans le temps des décaissements importants.

Les dettes liées à l'acquisition d'actifs et les créances liées à la cession d'immobilisations sont inclues dans le calcul du fonds de roulement si leur échéance est supérieure à un an. Dans le cas contraire, elles doivent être prises en compte dans le calcul du B.F.R.H.E.

2.2 Le besoin en fonds de roulement d'exploitation et le cycle de production

L'entreprise est représentée comme un système associant les facteurs travail et capital afin d'accroître la valeur ajoutée des consommations intermédiaires qui, après transformation, deviennent des produits finis.

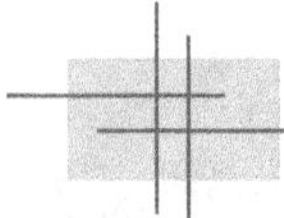

Une représentation dépassée

Cette représentation de l'entreprise correspond à la petite et moyenne entreprise de l'époque industrielle. Elle a l'avantage de faire coïncider le cycle de transformation des matières et des consommations externes avec le cycle financier qui le sous-tend. Cette métaphore est de moins en moins pertinente dans une économie où les activités de service sont prédominantes.

Le besoin en fonds de roulement d'exploitation correspond en fait au décalage temporel qui existe entre les encaissements liés à la vente de produits et de services et les décaissements nécessités par la production de ces mêmes produits et services.

- Les ventes sont soit réalisées au comptant, auquel cas elles se traduisent par une augmentation immédiate de la trésorerie, soit réalisées à crédit, auquel cas elles se traduisent par l'inscription des créances commerciales ;

- Les charges sont soit payées au comptant ou à très court terme (cas des salaires mensualisés), soit à crédit, auquel cas elles se traduisent par l'inscription de dettes d'exploitation.

Mais le cycle d'exploitation se rapporte en premier lieu à la durée nécessaire à la production des biens ou des services. Cette durée dépend des particularismes liés à l'activité de l'entreprise.

Évolutions actuelles

D'une manière générale, l'importance des valeurs d'exploitation (stocks) tend à décroître. D'une part, les entreprises industrielles travaillent en flux tendus afin de minimiser leurs stocks. D'autre part, les entreprises de services réalisent des prestations immatérielles qui souvent ne sont pas stockables.

La rationalisation du cycle d'exploitation passe principalement par la maîtrise des délais internes de production. En effet, les échéances des créances et des dettes d'exploitation dépendent de l'issue des négociations menées avec les partenaires extérieurs de l'entreprise ou d'obligations légales. En tout état de cause, la marge de manœuvre de l'entreprise dans la gestion des encours des créances et des dettes d'exploitation est enserrée dans de fortes contraintes sur lesquelles l'entreprise n'a que peu de prise. Il lui est souvent loisible, de surcroît, de renoncer à un crédit fournisseur moyennant une réduction (escompte pour paiement comptant), et réciproquement de proposer à ses clients de régler leurs achats au comptant contre l'obtention de cette même réduction.

Le besoin en fonds de roulement est généralement négatif, contrepartie logique de la vocation de l'entreprise à créer de la valeur ajoutée. Les actifs à court terme doivent normalement excéder les passifs d'exploitation à court terme.

Le cas de la grande distribution et du BTP

Il existe bien entendu des exceptions dont les plus notables sont la grande distribution (paiement comptant des clients, stocks à forte rotation, crédits fournisseurs longs en raison de la position dominante des entreprises de distribution sur les entreprises manufacturières) et les travaux publics (avances consenties par les commanditaires pour préfinancer les chantiers : le préfinancement partiel des travaux publics - ou bien des conditions favorables pour le nantissement des marchés publics - est une tradition dans un pays dans lequel les collectivités territoriales sont le plus important commanditaire dans cette branche d'activité et dans lequel les différentes personnes morales de droit public assurent plus des quatre cinquièmes du chiffre d'affaires du B.T.P.).

L'objectif de la gestion des actifs de bas de bilan est de minimiser le besoin en fonds de roulement.

Par ailleurs, l'analyse des créances et des valeurs d'exploitation doit de préférence se fonder sur leur valeur brute plutôt que sur leur valeur nette. Celle-ci tient compte des dépréciations provisoires qui sont constatées par des provisions sur actifs circulants lors des écritures d'inventaire de fin d'exercice comptable. Ces actifs ont pris naissance durant le cycle d'exploitation de l'exercice écoulé et doivent faire l'objet d'un financement même s'ils se sont dévalorisés pendant celui-ci pour des raisons dépendantes ou indépendantes de la volonté de l'entreprise.

2.3 Le besoin en fonds de roulement hors exploitation

Le besoin en fonds de roulement hors exploitation comprend l'ensemble des actifs et des passifs qui n'entrent dans aucune des trois autres catégories. Les comptes de régularisation (charges constatées d'avance, produits constatés d'avance), les actifs fictifs (charges à répartir sur plusieurs exercices, primes de remboursement des obligations) et les écarts de conversion actifs et passifs (diminutions de créances ou augmentations de dettes induites par les fluctuations défavorables des taux de change relatifs aux devises dans lesquelles ces encours sont libellés, entre la date de leur enregistrement comptable et la date d'arrêté du bilan) en constituent la plus grande partie.

En toute logique, il conviendrait de dissocier la part des comptes de régularisation imputable au cycle d'exploitation de celle que l'on peut rattacher aux opérations hors exploitation (pour autant que cette information soit disponible).

Il faut y rajouter les dettes et créances rattachées aux immobilisations dont l'échéance est inférieure à un an et les dettes exceptionnelles (impôts sur les sociétés, dividendes mis en paiement au cours de l'exercice suivant).

Remarque

Ce solde est composite et difficile à analyser pour un observateur extérieur, car il résulte de conventions comptables pour sa majeure partie. De surcroît, il s'agit du solde dont la valeur absolue est traditionnellement la plus faible.

2.4 La trésorerie nette

La trésorerie nette est égale aux liquidités et aux placements financiers à court terme (valeurs mobilières de placement), déduction faite des dettes bancaires à court terme (concours bancaires courants, soldes créditeurs des comptes bancaires, dettes financières venant à échéance à moins d'un an).

L'analyse financière y rajoute les effets escomptés non échus qui sont comptabilisés en engagements hors bilan. Ils doivent faire l'objet d'un retraitement et être considérés comme des dettes bancaires à court terme au passif et des créances client à l'actif.

Si l'on fait abstraction du besoin en fonds de roulement hors exploitation, la trésorerie nette est égale à la part du besoin en fonds de roulement qui n'est pas financée par le fonds de roulement.

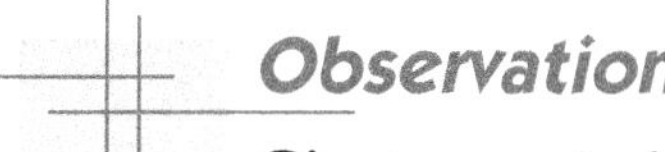

Observation

C'est une indication ponctuelle sur le niveau de liquidités dont l'entreprise dispose à la date de clôture du bilan. Mais, en l'absence d'autres informations, il est difficile pour un analyste extérieur de connaître l'évolution de son solde de trésorerie au cours de l'exercice.

3. Comment analyser les équilibres financiers de court terme à partir des états financiers

La méthode des ratios permet d'évaluer ponctuellement les soldes des actifs et des passifs apparaissant au bilan en les comparant aux flux enregistrés pendant tout l'exercice au compte de résultat. Chaque ratio est élaboré de manière à ce que les données portées au numérateur et au dénominateur soient cohérentes et homogènes.

Pour chaque paramètre, on dispose du solde de départ (bilan d'ouverture), du solde d'arrivée (bilan de clôture) et du flux enregistré entre ces deux dates (compte de résultat).

L'interprétation de ces ratios n'a de sens que par référence aux bilans passés de l'entreprise (des trois, voire des cinq dernières années) et aux bilans d'entreprises ayant une activité comparable.

3.1 Les ratios de synthèse concernant les encours à moins d'un an

A – *Trois bons ratios...*

Ces ratios ne font que traduire sous forme de pourcentage les grands équilibres propres à la gestion du bas de bilan de l'entreprise :

■ Le ratio de liquidité générale rapporte l'ensemble des actifs à moins d'un an (actifs circulants) aux dettes à moins d'un an. Il mesure ponctuellement la couverture des engagements à court terme de l'entreprise par des liquidités et des actifs susceptibles de se transformer en liquidités à court terme. Il donne également une indication sur la part des actifs circulants financée par des capitaux à long terme.

> **Ratio de liquidité générale**
> = Actifs à moins d'un an / Dettes à moins d'un an

■ Si on exclut les valeurs d'exploitation (stocks), le ratio rapportant les créances à court terme et les disponibilités aux dettes à court terme permet d'évaluer la capacité de l'entreprise à faire face à ses engagements exigibles à court terme, sans tenir compte de la vente des produits finis ou de l'achèvement du cycle de production.

> **Ratio de liquidité restreinte**
> = (Créances à moins d'un an + Disponibilités)
> /Dettes à moins d'un an

■ Le ratio de trésorerie immédiate compare les disponibilités aux dettes à moins d'un an. Ce ratio est d'un emploi plus restreint dans la mesure où il est toujours possible pour une entreprise d'accroître ses liquidités en recourant au crédit bancaire à court terme (escompte ou mobilisation des créances commerciales).

$$\text{Ratio de trésorerie immédiate}$$
$$= \text{Disponibilités} / \text{Dettes à moins d'un an}$$

B – ... Pour une analyse délicate

L'analyse de ces ratios est délicate pour un observateur extérieur pour trois raisons :

- La liquidité effective des actifs circulants, c'est-à-dire leur propension à se transformer le plus rapidement possible en disponibilités permettant de faire face aux obligations contractées par l'entreprise n'est pas indiquée dans les états financiers. Même si les règles comptables obligent l'entreprise à provisionner les actifs circulants dépréciés, cela n'implique pas que l'ensemble des actifs de court terme puisse se rendre liquide à court terme.

- Ces ratios indiquent une mesure ponctuelle des équilibres de bas de bilan à la date de la clôture de l'exercice comptable. Les variations de la trésorerie de l'entreprise restent inconnues à l'analyste extérieur qui ne dispose que des informations extraites du bilan. Les documents indiquant les variations infra-annuelles ou infra-semestrielles de la trésorerie de l'entreprise ne lui sont pas normalement communiqués.

Ces ratios non seulement ne reflètent qu'une vision statique de l'activité de l'entreprise, mais encore sont très ambivalents :

- D'une part, un niveau faible de disponibilités peut traduire un souci de minimiser les encaisses oisives : l'objectif de l'entreprise est d'assurer l'emploi le plus efficace possible de ses ressources ;

- D'autre part, l'entreprise peut disposer de disponibilités abondantes, mais qui correspondent à des engagements à long terme et qui ne sont pas mobilisables pour faire face au remboursement de dettes à court terme :

  - C'est le cas en particulier de certaines provisions spéciales, constituées ou non en franchise d'impôts, pour couvrir des engagements futurs (cas des gros travaux prévus à des échéances plus ou moins lointaines).

  - C'est également le cas des provisions constituées pour couvrir les dépenses de retraite complémentaire, lorsque la constitution de telles réserves incombe à l'employeur : ces fonds sont bloqués et ne sont pas mobilisables, en théorie, pour financer l'activité courante de l'entreprise.

Abus

Toutefois des scandales financiers récents ont montré que des directions de grandes entreprises n'avaient pas hésité à utiliser cette catégorie de ressources pour financer des politiques d'expansion hasardeuses ou procédant d'une analyse stratégique qui s'est révélée *a posteriori* erronée.

3.2 Les ratios de rotation des actifs circulants

A – Des ratios à caractère dynamique mais dont le calcul repose sur des conventions

Ces ratios ont tous une structure identique. Il s'agit de rapporter un compte figurant parmi les actifs circulants au poste du compte de résultat correspondant et de l'exprimer sous une forme rendant sa compréhension plus aisée.

104

Ce rapport entre un solde et un flux exprime une vitesse de rotation et son inverse un délai moyen. En ce sens, ces ratios se distinguent des ratios de trésorerie en raison de leur caractère dynamique.

Mais leur construction est plus délicate :

- En ce qui concerne le compte du bilan, il peut être considéré en lui-même ou pour sa valeur moyenne, calculée grâce au solde du bilan d'ouverture de l'exercice et au solde du bilan de clôture de l'exercice ;

- En ce qui concerne le poste du compte de résultat, le choix est parfois arbitraire.

L'exemple des marchandises revendues en l'état illustre cette complexité.

L'analyste extérieur dispose de quatre informations : le stock initial, le stock final, le montant des achats de marchandises de l'exercice et le montant des ventes.

- Le stock moyen est égal à : (stock initial + stock final) /2.

- Le délai de rotation des marchandises est égal au stock moyen divisé, soit par la « consommation » de marchandises de l'exercice, soit par leur « production », ces deux notions étant définies par le Plan Comptable Général. Il peut aussi être calculé en se référant simplement aux achats ou aux ventes.

$$\text{Délai de rotation du stock de marchandises}$$
$$= [(\text{stock initial} + \text{stock final})/2]$$
$$/ (\text{achats} + \text{stock initial} - \text{stock final}) \times \text{nombre de jours}$$
$$= [(\text{stock initial} + \text{stock final})/2]$$
$$/ (\text{ventes} + \text{stock final} - \text{stock initial}) \times \text{nombre de jours}$$
$$= [(\text{stock initial} + \text{stock final})/2]/(\text{ventes}) \times \text{nombre de jours}$$
$$= [(\text{stock initial} + \text{stock final})/2]/(\text{achats}) \times \text{nombre de jours}$$

En toute rigueur, il faudrait rapporter le stock moyen au coût de revient des marchandises vendues. Cette information n'est *a priori* pas disponible pour un analyste extérieur.

Les stocks doivent être rapportés, selon leur nature :
- soit à la consommation des matières premières (achats de l'exercice + stock d'ouverture du bilan – stock de clôture du bilan),
- soit à la production des biens finis (ventes de l'exercice + stock de clôture de l'exercice – stock d'ouverture du bilan).

Par ailleurs, ces délais sont traditionnellement exprimés en jours.

Mais ce nombre peut être égal soit :
- au nombre réel de jours de l'année,
- à une durée forfaitaire de 360 jours,
- au nombre réel de jours ouvrables.

B – Des ratios reposant sur des conventions et informations disponibles

La définition des ratios de rotation et des ratios de vitesse (qui sont leur inverse) repose sur des conventions et est tributaire des informations disponibles.

▩ Les ratios relatifs aux stocks sont différenciés selon la nature de ceux-ci :

- pour les marchandises revendues en l'état :

Délai de rotation des stocks de marchandises = [(stock initial + stock final de marchandises)/2]/(achats de marchandises hors taxes + stock initial – stock final) × nombre de jours

- pour les achats de matières premières et de consommations intermédiaires :

Délai de rotation des stocks = [(stock initial + stock final de matières premières)/2]/(achats de matières premières hors taxes + stock initial – stock final) × nombre de jours

- pour les produits semi-finis (le dénominateur est égal à la production de l'exercice, faute de pouvoir disposer du coût de revient des produits semi-finis, cette information étant calculée en interne par le système de comptabilité analytique) :

Délai de rotation des stocks = [(stock initial + stock final de produits semi-finis)/2]/(vente de produits finis hors taxes – stock initial + stock final) × nombre de jours

- pour les produits finis :

Délai de rotation des stocks = [(stock initial + stock final de produits finis)/2]/(vente de produits finis hors taxes – stock initial + stock final) × nombre de jours

■ Les ratios relatifs aux créances client sont moins précis.

En effet, les créances commerciales s'entendent TTC. Elles doivent être comparées aux ventes TTC. Or, les créances sur des clients à l'exportation ne supportent pas de TVA. Il faudrait donc en toute rigueur calculer autant de ratios que de taux de TVA supportés par l'entreprise ou bien pondérer le chiffre d'affaires TTC en fonction des différents taux de TVA appliqués à ses ventes.

Enfin, il convient de réintégrer les effets portés à l'escompte mais non encore échus à l'encours du crédit client.

> **Délai de rotation des créances clients = (créances clients + effets à recevoir + effets escomptés non échus – acomptes perçus sur commandes)/(chiffre d'affaires TTC) × nombre de jours**

■ Les ratios relatifs aux dettes fournisseurs sont confrontés à un problème similaire.

En effet, les dettes commerciales s'entendent TTC. Elles doivent être comparées aux achats TTC. Or, les dettes d'exploitation comprennent les dettes fiscales et sociales qui ne sont pas assujetties à la TVA. Il convient, en conséquence, de ventiler les dettes d'exploitation en fonction de la nature des créanciers de l'entreprise. Des ratios similaires peuvent être calculés, en effet, pour les dettes fiscales et sociales.

La signification de ceux-ci est néanmoins limitée, sauf si les encours sont suffisamment détaillés par nature.

> **Délai de rotation des dettes fournisseurs = (dettes fournisseurs + effets à payer – acomptes versés sur commandes)/(achats T.T.C.) × nombre de jours**

$$\text{Délai de rotation des dettes fiscales}$$
$$= (\text{dettes fiscales})/(\text{charges fiscales}) \times \text{nombre de jours}$$

$$\text{Délai de rotation des dettes sociales}$$
$$= (\text{dettes sociales})/(\text{charges sociales}) \times \text{nombre de jours}$$

Tout poste de l'actif circulant peut faire l'objet d'un tel calcul. Dans le cadre du calcul du fonds de roulement normatif, tout poste du bilan doit être exprimé en nombre de jours de chiffre d'affaires HT.

C – Une analyse financière pertinente, focalisée sur les enchaînements décisifs

La pertinence d'une analyse financière dépend des informations qui sont disponibles. Les données incluses dans les états financiers sont suffisantes pour étudier les grands équilibres financiers de l'entreprise, pour autant qu'elles soient exactes. En revanche, il n'est possible de porter un jugement sur l'évolution du cycle d'investissement, du cycle d'exploitation et des éléments exceptionnels que si l'on dispose d'informations complémentaires qui ne sont connues que des dirigeants et des responsables financiers de l'entreprise.

Le diagnostic financier met en évidence l'interdépendance de l'ensemble des paramètres financiers et comptables. Une analyse pertinente ne doit pas faire la recension exhaustive de l'ensemble des variations, mais se focaliser sur les enchaînements décisifs qui expliquent la situation financière effective de l'entreprise. Il convient d'éviter au maximum les explications redondantes, tautologiques ou circulaires qui occultent les causes effectives.

> Une analyse financière doit savoir sélectionner les paramètres pertinents pour expliquer les évolutions essentielles qui expliquent le statut financier de l'entreprise.

D – L'arbitrage entre sécurité et rentabilité

L'étude du besoin en fonds de roulement a montré que l'objectif d'une bonne gestion financière est d'optimiser la structure du passif de l'entreprise, et donc de déterminer la part du besoin en fonds de roulement qui doit être financée par le fonds de roulement et celle qui doit être couverte par des crédits bancaires à court terme. La question de l'investissement, au sens de mobilisation de capitaux propres ou de dettes financières à long terme dans le financement des besoins cycliques de l'entreprise, renvoie à l'arbitrage entre sécurité et rentabilité.

Évolution actuelle

Cette question est d'autant plus pertinente que les techniques bancaires actuelles permettent de financer des immobilisations sur des crédits à court terme renouvelés, quitte à courir le risque de taux d'intérêt et de non renouvellement des lignes de crédit.

3.3 Les équilibres de bas de bilan sont soumis à une logique cyclique

Si l'on se réfère à l'équation de base de l'équilibre du bilan, on sait qu'il se résume à quatre soldes primordiaux. Pour comprendre les conséquences des variations cycliques auxquelles l'entreprise est soumise, il convient d'examiner la variabilité de chacune des composantes.

110

$$F.R.N. = B.F.R.E. + B.F.R.H.E. + T.N.$$

- Le fonds de roulement net est le solde le plus stable au cours du temps. En effet, les investissements et les mouvements affectant les capitaux permanents sont des événements d'autant plus rares que les entreprises ont une taille réduite.

- Le besoin en fonds de roulement hors exploitation est un solde moins stable dans le temps, mais compte tenu de son montant normalement faible, son influence est réduite sur la cyclicité de la trésorerie.

- En conséquence, il apparaît que ce sont les variations du besoin en fonds de roulement qui exercent l'influence décisive sur l'évolution du solde de trésorerie. Les variations de la trésorerie nette sont dans leur majeure partie la conséquence des variations du besoin en fonds de roulement. Ces deux soldes sont les plus volatils.

3.4 L'entreprise est insérée dans un système économique qui détermine son développement

Elle est dépendante tant de ses fournisseurs que de ses clients.
Sa marge de manœuvre est nécessairement encadrée. Son pouvoir de négociation, en particulier en ce qui concerne les conditions de paiement accordées à ses partenaires, dépend de son pouvoir relatif : une entreprise en position dominante peut plus facilement imposer des conditions de crédit qui lui sont favorables. A l'inverse, une entreprise en position dominée doit subir les conditions de paiement qui lui sont imposées par ses fournisseurs et ses clients.

L'évolution du besoin en fonds de roulement est tributaire des relations qu'elle entretient avec ses partenaires industriels et commerciaux.

La réduction des variations de la trésorerie nette pourrait être idéalement obtenue en réduisant le besoin en fonds de roulement. Toute entreprise cherche donc à maximiser son crédit fournisseur et à minimiser son crédit client et ses stocks. Il va de soi qu'au niveau macroéconomique ces comportements sont rigoureusement contradictoires. C'est la raison pour laquelle une entreprise doit se plier aux usages en vigueur dans son secteur d'activité et donc s'accommoder des délais de règlement normalement constatés au sein de sa branche professionnelle.

Elle dispose d'une latitude d'action limitée avec ses clients.

L'entreprise ne bénéficie que d'une latitude d'action également limitée vis-à-vis de ses clients dans la mesure où le délai de paiement accordé est un paramètre, certes de deuxième ordre, qui entre en jeu dans la négociation commerciale.

Si l'on considère que les délais de paiement représentent davantage une contrainte pour l'entreprise qu'une opportunité, l'optimisation de la gestion de trésorerie repose sur les facteurs pour lesquels l'entreprise bénéficie de degrés de liberté plus importants :

- le niveau de fonds de roulement optimal, c'est-à-dire la part des capitaux permanents investis dans le financement du cycle d'exploitation. Il convient dès lors de déterminer les phases durant lesquelles le besoin de financement lié au cycle d'exploitation sera couvert par des crédits à court terme, et non par des capitaux permanents ;

- le contrôle du cycle interne de production et de distribution (approvisionnements – production – commercialisation – distribution) permettant de minimiser le montant des valeurs d'exploitation. C'est l'objectif poursuivi par l'organisation logistique de l'entreprise, et plus généralement par les services en charge de l'organisation des processus de production et de distribution.

Cette gestion est rendue d'autant plus complexe qu'elle repose sur des prévisions nécessairement aléatoires, sur des scénarios divergents reposant sur des hypothèses dont le degré de réalisation est strictement probabiliste. L'entreprise ne peut pas annihiler l'incertitude, elle peut tout au plus l'anticiper et la gérer.

4. Comment analyser les équilibres de long terme à partir des états financiers

Les équilibres de haut de bilan se résument à l'examen d'un solde unique, le fonds de roulement. Il est égal à la différence entre les capitaux permanents et les actifs permanents, c'est-à-dire à la part des capitaux permanents qui finance des emplois à court terme. La question qui se pose alors est celle de son niveau optimal, celui qui permet d'optimiser la rentabilité de l'entreprise tout en assurant une certaine sécurité dans le financement de son activité.

4.1 L'optimisation du fonds de roulement

Le fonds de roulement net peut se définir, nous l'avons vu, comme l'excédent des ressources à long terme destiné à couvrir les emplois à court terme. Cet excédent constitue la marge de sécurité permettant de financer le cycle d'exploitation avec des ressources qui ne sont pas exigibles pendant la durée de l'exercice comptable. Le niveau optimal du fonds de roulement est usuellement estimé à la moitié de la valeur des stocks, voire les deux tiers de celle-ci, mais celui-ci doit être déterminé de manière plus précise en fonction des caractéristiques inhérentes à l'activité de l'entreprise. Il peut être également exprimé en mois de chiffre d'affaires (1 à 2 mois).

À l'évidence, une règle inspirée par le principe de prudence devrait considérer que le fonds de roulement doit au minimum couvrir la part des stocks (ou valeurs d'exploitation) qui correspond au niveau des stocks de sécurité. Mais ces normes ne font pas l'objet d'un consensus aussi fort que les ratios relatifs au poids des frais financiers ou à la structure des capitaux permanents.

> **F.R.N. en jours de C.A. H.T. :**
> Fonds de roulement × Nombre de jours / Ventes H.T.
>
> **F.R.N. en jours de stocks :**
> Fonds de roulement × Nombre de jours / Stocks

Les ratios relatifs au fonds de roulement se réfèrent à son niveau relatif et à sa composition organique. Une des grandes règles prudentielles relatives à la structure financière du bilan de l'entreprise se réfère à la part relative des capitaux propres et des capitaux empruntés à long terme dans les capitaux permanents (y compris les contrats de crédit-bail comptabilisés en engagements hors-bilan).

En théorie, le montant des capitaux extérieurs à plus d'un an ne doit pas excéder celui des capitaux propres après retraitement. Il faut en effet veiller à soustraire les dividendes du bénéfice net et éliminer la dette fiscale latente des provisions réglementées constituées en franchise d'impôt et qui deviendra exigible lors de leur réintégration dans le compte de résultat.

Ratio d'endettement à terme :
Capitaux propres/Capitaux empruntés à long terme > 1

Ce ratio d'endettement à terme doit être mis en relation avec deux autres ratios :

- Le premier mesure la part des dettes bancaires dans le passif total (coefficient d'endettement). Le *gearing* en constitue une autre expression (dettes financières nettes / fonds propres).

- Le second mesure la capacité de remboursement de la dette à moyen et long terme par l'autofinancement. Une entreprise est réputée être en mesure de rembourser sa dette à moyen et long terme lorsque la capacité d'autofinancement représente plus d'un tiers de l'encours de la dette à moyen et long terme. Un ratio compris entre 1/3 et 1/5 indique que l'entreprise doit être placée sous surveillance. Un ratio inférieur à 1/5 signifie que la probabilité de cessation de paiements de l'entreprise est élevée à terme.

Ces trois ratios doivent être évidemment considérés comme des prédicteurs de la solvabilité à long terme de l'entreprise.

Ratio d'endettement : Dettes bancaires (y compris les contrats de crédit-bail)/Total du passif

Ratio de remboursement des dettes à moyen et long terme :
C.A.F. /Dettes M.L.T. > 1/3

Lorsqu'un banquier examine un plan de financement prévisionnel relatif à un projet d'investissement financé pour une certaine quote-part par un crédit bancaire, il vérifie précisément que le solde des produits encaissés et des charges décaissées, et donc le cash flow prévisionnel, c'est-à-dire les liquidités générées par le projet (qui comprend à la fois le bénéfice non distribué et les dotations aux amortissements) est au moins supérieur à l'annuité de l'emprunt à rembourser. Plus ce rapport est élevé, plus le projet a des chances d'être financé par une banque.

Dans les faits, l'existence d'un parallèle entre l'amortissement d'un actif immobilisé et l'amortissement de l'emprunt qu'il a servi à financer est avérée.

La trésorerie disponible après avoir payé l'ensemble des charges à débourser doit pouvoir être récupérée par le système bancaire, afin que les échéances des prêts qu'il a consentis pour financer le projet soient honorées.

Cette sécurité est d'autant plus indispensable que les revenus futurs escomptés ne sont que des espérances de gains. En ce sens, l'amortissement représente une rétention de trésorerie destinée à rembourser les dettes financières contractées pour financer l'immobilisation, plutôt qu'à abonder un fonds destiné à renouveler les immobilisations.

Une règle bien connue

On retrouve une règle bien connue des financiers qui veut que les dettes à moyen et long terme soient remboursées par les bénéfices, tandis que les dettes à court terme le sont par le chiffre d'affaires. Les crédits bancaires à court terme s'analysent en effet comme des avances consenties pour financer le cycle d'exploitation.

Ces ratios constituent des contraintes à observer dans tout processus d'optimisation de la structure du financement d'une entreprise.

Le passif de l'entreprise comporte l'ensemble des dettes de l'entreprise, autrement dit l'ensemble des engagements que l'entreprise a contractés auprès de tiers, les actionnaires, les banques et autres bailleurs de fonds, les fournisseurs et clients, l'état et les organismes sociaux, les fournisseurs d'immobilisations.

La structure de ce passif correspond à deux logiques complémentaires : une logique normée et une logique d'optimisation :

- La première réside dans le respect de certaines normes traduisant la solvabilité de l'entreprise ;

- La seconde vise à optimiser la composition du passif au regard du coût des différentes ressources.

4.2 Trois séries de ratios pour étudier les investissements

Trois séries de ratios sont utilisées pour analyser les modalités de financement des investissements, pour mesurer l'efficacité de l'entreprise et pour étudier les immobilisations.

A – Une première série pour analyser le taux d'autofinancement des investissements

La première série se rapporte au taux d'autofinancement des investissements. Le ratio (C.A.F./Investissements) mesure la part des investissements réalisés par l'entreprise qui est financée par des ressources internes.

Il va de soi que la définition de ce ratio peut être complétée, tant en ce qui concerne le numérateur (adjonction des cessions des immobilisations), que le dénominateur (ventilation des investissements entre immobilisations incorporelles, corporelles et financières, adjonction de la variation du fonds de roulement, qui constitue une forme d'investissement financier à long terme dans le financement du cycle d'exploitation).

B – Une deuxième série pour analyser la rentabilité et l'efficacité de la gestion de l'entreprise

La deuxième série se rapporte à la mesure de la rentabilité et de l'efficacité de la gestion de l'entreprise.

- Le numérateur est soit un solde intermédiaire de gestion, soit la capacité d'autofinancement.

- Le dénominateur correspond, soit aux capitaux permanents de l'entreprise, soit à l'actif immobilisé.

> C.A.F. ou E.B.I.T. ou Résultat net/Capitaux propres
>
> C.A.F. ou E.B.I.T. ou Résultat net/Capitaux permanents
>
> C.A.F. ou E.B.I.T. ou Résultat net/Capitaux propres
> et dettes financières
>
> Valeur ajoutée ou Excédent brut d'exploitation ou E.B.I.T.D.A. ou
> E.B.I.T. ou Résultat net/Valeur de l'actif immobilisé
>
> Valeur ajoutée ou Excédent brut d'exploitation ou E.B.I.T.D.A. ou
> E.B.I.T. ou Résultat net/Valeur moyenne de l'actif immobilisé

Le premier ratio exprime la rentabilité des capitaux propres.

Le deuxième ratio évalue la rentabilité des capitaux permanents.

Le troisième ratio est devenu particulièrement prisé à côté du *Return On Equity* (résultat net/capitaux propres) : il s'agit du *Return On Capital Employed* (résultat/capitaux propres et dettes financières).

Dans ce cas il est préférable de considérer comme numérateur une grandeur qui inclut les frais financiers et les bénéfices, et qui tient compte de leur statut fiscal différent (le bénéfice net doit supporter l'impôt sur les sociétés).

Les avantages de l'EBIT

Le choix de l'E.B.I.T. *(Earnings Before Interest and Taxes)* est plus cohérent que celui de l'E.B.I.T.D.A. *(Earnings Before Interest, Taxes, Depreciation and Amortization)*. A défaut de vouloir prendre en considération le simple bénéfice net, tel qu'il résulte de la prise en compte de l'intégralité des produits et des charges, les analystes financiers, soucieux d'accroître la rentabilité économique apparente de l'entreprise, se sont focalisés sur un nouveau solde intermédiaire, l'E.B.I.T., qui a le grand avantage de neutraliser l'impact de la fiscalité directe et de la structure du financement (capitaux propres ou dettes financières).

Les quatrième et cinquième ratios mesurent l'efficacité de l'actif immobilisé, à savoir leur capacité à générer de la valeur ajoutée (V.A.), de l'excédent brut d'exploitation (E.B.E.), – excédent dégagé après paiement des charges salariales proche de l'E.B.I.T.D.A. –, de l'E.B.I.T. ou du résultat net (solde résiduel après comptabilisation de l'intégralité des produits et des charges).

À ces soldes de résultats, les analystes financiers préfèrent parfois la notion de cash flow, autrement dit les liquidités qui demeurent dans l'entreprise après paiement de l'ensemble des charges donnant lieu à des sorties de trésorerie (y compris les dividendes) et encaissement de l'ensemble des produits (à l'exclusion donc des créances non encore transformées en liquidités).

Les ratios de marges relatifs au seul compte de résultat mesurent la part des différents soldes intermédiaires de gestion rapportés à la production ou au chiffre d'affaires.

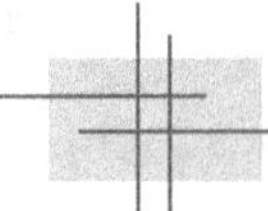

Appréciation

Le ratio de marge nette (résultat net/chiffre d'affaires) est le plus courant. Mais les ratios mesurant l'efficacité du système productif (Valeur ajoutée ou Excédent brut d'exploitation/ Production) sont souvent plus significatifs. En réalité, une analyse approfondie de la formation du résultat implique une décomposition analytique de l'ensemble des postes du compte de résultat.

Résultat net ou Résultat courant/Chiffre d'affaires

E.B.I.T.D.A. ou E.B.I.T. ou C.A.F./Chiffre d'affaires

Valeur ajoutée ou Excédent brut d'exploitation/Chiffre d'affaires

Valeur ajoutée ou Excédent brut d'exploitation/Production

Résultat net ou Résultat courant/Production

C – Une troisième série pour étudier les immobilisations

La troisième série comprend les ratios d'analyse des immobilisations. Il s'agit bien entendu de prendre en considération les immobilisations qui font l'objet d'un amortissement. En sont exclus les terrains (sauf les terrains de gisement), les droits au bail et les fonds de commerce, les immobilisations financières, les immobilisations en cours et les œuvres d'art. Leur interprétation est toutefois plus ambiguë.

Dotation aux amortissements
/Valeur brute des immobilisations

Amortissements cumulés/Valeur brute des immobilisations

Ces deux ratios mesurent le vieillissement des actifs. Ces ratios sont à interpréter avec précaution.

Compte tenu des distorsions fiscales qui interviennent dans le calcul des amortissements, le premier ratio est peu significatif.

En revanche, le second ratio est un bon indicateur de l'âge des immobilisations, le cumul des dotations aux amortissements permettant d'en lisser les évolutions essentiellement déterminées par des raisons fiscales et non économiques.

Mais il convient de prendre en considération également les immobilisations intégralement amorties et qui figurent encore au bilan, tant qu'elles n'ont pas été cédées ou mises au rebut. Par ailleurs, la politique d'amortissement n'a que des conséquences indirectes sur la solvabilité et la liquidité de l'entreprise, puisque les dotations aux amortissements sont des charges calculées qui ne donnent lieu à aucun décaissement.

4.3 Les vertus de la méthode des ratios

La méthode des ratios a l'immense vertu de clarifier les concepts :

- L'examen de la solvabilité consiste à vérifier que l'entreprise dispose d'actifs suffisants pour rembourser l'intégralité des dettes qu'elle a contractées. Toutefois, en cas de liquidation d'une entreprise, la valeur nette comptable des immobilisations n'est qu'une valorisation conventionnelle de celles-ci et ne saurait préjuger de leur prix effectif de cession.

- L'étude de la liquidité vise à vérifier que l'entreprise dispose d'actifs à court terme suffisamment liquides pour faire face à ses dettes à court terme. Il s'agit de prévenir la cessation de paiements.

■ L'étude de la rentabilité a pour objet l'étude de l'efficacité de l'entreprise, sa capacité à dégager des bénéfices, à utiliser de la manière la plus efficace possible ses actifs et ses facteurs de production pour dégager un surplus.

De surcroît, la méthode des ratios permet de calculer tout indicateur que l'analyste extérieur juge pertinent pour fonder son jugement.

5. Comment unifier les approches méthodologiques de l'étude des états financiers

Les états financiers *stricto sensu* (bilan et compte de résultat) ne sont pas des documents suffisants pour comprendre l'évolution des soldes remarquables du bilan, en particulier le premier d'entre eux, à savoir le fonds de roulement. Néanmoins, les approches synthétiques permettent d'étudier à la fois les variations des postes de haut de bilan, les variations de bas de bilan et le compte de résultat.

5.1 Le tableau de financement

Le tableau de financement normalisé proposé par le Plan Comptable Général de 1982 prévoit deux parties :

■ La première partie indique les variations des postes de haut de bilan et permet de calculer la variation du fonds de roulement.

Emplois stables	Ressources durables
Dividendes mis en paiement au cours de l'exercice	Capacité d'autofinancement de l'exercice
Acquisition d'éléments de l'actif immobilisé - Immobilisations incorporelles - Immobilisations corporelles - Immobilisations financières	Cession ou réduction de l'actif immobilisé - Cession d'immobilisations incorporelles - Cession d'immobilisations corporelles - Cession d'immobilisations financières
Remboursement des capitaux propres	Augmentation des capitaux propres
Remboursement des dettes financières	Augmentation des dettes financières
Augmentation du fonds de roulement	**Diminution du fonds de roulement**

■ La seconde partie permet de calculer la variation du besoin en fonds de roulement, la variation du besoin en fonds de roulement hors exploitation et la variation de la trésorerie.

Variation des actifs d'exploitation Stocks et encours de production Avances et acomptes versés sur commandes Créances clients et comptes rattachés Autres créances d'exploitation
Variation des dettes d'exploitation Avances et acomptes reçus sur commande Dettes fournisseurs et comptes rattachés Autres dettes d'exploitation
Variation du Besoin en Fonds de Roulement d'Exploitation Variation des autres débiteurs Variation des autres créditeurs
Variation du Besoin en Fonds de Roulement Hors Exploitation Variation des valeurs mobilières de placement Variation des liquidités Variation des concours bancaires courants
Variation de la trésorerie nette

5.2 Les tableaux de variation de trésorerie

Il existe plusieurs modèles de tableaux (tableau des ressources et emplois de la Centrale des bilans de la Banque de France, tableau pluriannuel des flux financiers) permettant de calculer la variation prévisionnelle de la trésorerie en synthétisant l'ensemble des mouvements financiers dans un tableau unique.

Chaque modèle présente des soldes spécifiques et ordonne les flux selon ses présupposés. Tous ces modèles reprennent les mêmes éléments. Seule leur présentation et la définition des soldes intermédiaires diffèrent.

Ces tableaux comprennent :
- les données extraites du compte de résultat donnant lieu à des mouvements de fonds ;
- la variation du besoin en fonds de roulement ;
- les éléments du tableau de financement donnant lieu à des variations de trésorerie ;
- la variation du besoin en fonds de roulement hors exploitation (variations des créances liées aux produits et aux charges financières et exceptionnelles, variations des dettes liées aux produits et aux charges financières et exceptionnelles, variations des créances et des dettes liées à l'acquisition et à la cession des immobilisations, l'impôt sur les sociétés, les dividendes et la participation des salariés).

Tous ces modèles intègrent les soldes extraits du compte de résultat donnant lieu à des mouvements de trésorerie et les soldes des deux parties du tableau normalisé de financement. Ils expliquent *in fine* la variation des liquidités d'un exercice sur l'autre.

Ces tableaux peuvent être utilisés pour analyser la variation constatée de la trésorerie d'une entreprise, ou pour prévoir son évolution.

Ils sont à rapprocher du tableau décrivant la variation des *cash flows* en comptabilité anglo-saxonne *(Cash flow statement)*, tableau qui fait pendant à celui décrivant la variation des capitaux propres *(Statement of changes in shareholders' equity)*.

Ces tableaux de synthèse sont employés, en conséquence, à titre rétrospectif et à titre prospectif. C'est la raison pour laquelle ils ont été développés par des praticiens de l'analyse financière.

5.3 Le tableau pluriannuel des flux financiers

Le tableau pluriannuel des flux financiers (TPFF) est l'un des modèles les plus élaborés. Il opère la synthèse entre le bilan et le compte de résultat (voir page suivante).

Le tableau pluriannuel des flux financiers propose des soldes intermédiaires originaux :
- la valeur ajoutée (premier solde intermédiaire du compte de résultat) ;
- le résultat brut d'exploitation (qui correspond à l'excédent brut d'exploitation) ;
- l'excédent de trésorerie d'exploitation (égal à l'E.B.E. - Δ B.F.R.E.) ;
- le solde économique, ou solde interne, ou D.A.F.I.C. (disponible après financement interne de la croissance) égal à l'E.T.E. diminué des investissements non financiers de l'exercice ;
- le solde financier (solde externe) est égal à la variation de l'endettement diminué des coûts liés à l'endettement et aux capitaux propres ;
- le solde de gestion (solde courant) est égal à la somme des soldes économique et financier ;

 125

Production de l'exercice – consommations externes = ...	Valeur ajoutée
Valeur ajoutée + Subventions d'exploitation – Impôts, taxes et versements assimilés – Charges de personnel et cotisations sociales = ...	**Résultat brut d'exploitation** (Excédent brut d'exploitation)
Résultat brut d'exploitation (Excédent brut d'exploitation) – Variation du B.F.R. = ...	Excédent de trésorerie d'exploitation
Excédent de trésorerie d'exploitation – Investissements en immobilisations = ...	Solde économique (Solde interne)
Solde économique (Disponible Après Financement Interne de la Croissance)	
Variation de la dette à court, moyen et long termes – Charges financières – Annuités du crédit-bail – Impôts sur les bénéfices – Participation des salariés – Distribution des dividendes = ...	Solde financier (Solde externe)
Solde économique (Solde interne) + **Solde financier (Solde externe)** = ...	Solde de gestion (Solde courant)

Solde de gestion (solde courant)
+ Variation des capitaux propres
+ Produits de cession des immobilisations
+ Produits financiers
– Acquisition d'immobilisations
   financières
– Variation du besoin en fonds
   de roulement hors exploitation
+ Produits exceptionnels
– Autres charges exceptionnelles = ...
	Variation des disponibilités

– la variation des liquidités se calcule en rajoutant au solde de gestion la variation des capitaux propres, les autres éléments financiers et exceptionnels, ainsi que la variation du besoin en fonds de roulement hors exploitation. Le solde final englobe l'ensemble des éléments résiduels. Son interprétation est en rendue d'autant plus difficile.

L'originalité du T.P.F.F. est d'isoler le cycle d'exploitation (E.T.E.) et de mettre en évidence un solde central, le D.A.F.I.C.

En effet, le maintien de la compétitivité de l'entreprise suppose que celle-ci réalise un certain montant incompressible d'investissements. Il est judicieux de dissocier les investissements en immobilisations réalisés pour maintenir la compétitivité de l'appareil de production, des investissements en immobilisations financières (assimilés à des investissements de diversification par croissance externe). A long terme, le D.A.F.I.C. doit être positif : l'exploitation courante doit dégager assez de ressources pour permettre à l'entreprise de maintenir sa compétitivité.

Le regroupement en un solde financier de l'ensemble des coûts liés aux moyens de financement (y compris les capitaux propres) et de la variation de l'endettement est également original.

L'accroissement de l'endettement sert d'abord à financer les coûts directs et indirects des capitaux propres et empruntés. Il est utilisé également pour couvrir les immobilisations financières (à savoir les investissements de diversification).

Enfin la variation des liquidités est calculée in fine.

Pour ce calcul sont pris en considération les autres éléments financiers et exceptionnels, ainsi que la variation des dettes et des créances rattachées.

La place marginale réservée aux augmentations de capital est conforme à la réalité.

La place marginale réservée aux augmentations de capital est d'autant plus conforme à la réalité que des programmes de rachat de leurs propres actions initiés par les entreprises aux trésoreries excédentaires sont mis en œuvre (malgré la fragilisation de la structure financière des entreprises qui en résultent) de moins en moins rarement.

Un taux de rentabilité moyen élevé

Le contexte macroéconomique contemporain présente une configuration très spécifique. Le taux de rentabilité moyen des entreprises est élevé. Il est significativement supérieur au taux d'intérêt des financements extérieurs, qu'il s'agisse des concours bancaires ou des emprunts obligataires (si l'on fait abstraction des primes de risques exigées pour les débiteurs les moins solvables). Et le niveau de capitalisation des entreprises reste élevé malgré la résorption des bulles financières des marchés boursiers.

Un des moyens les plus efficaces à court terme pour accroître la rentabilité des capitaux propres des entreprises est de réduire le montant de leurs capitaux propres (rachat des actions, puis annulation de l'autocontrôle).

Le rapprochement entre les soldes comptables extraits du compte de résultat d'une part, et les dettes, les créances et les liquidités, telles qu'elles apparaissent au bilan d'autre part, est cependant parfois plus complexe.

Ainsi les dividendes et la participation des salariés sont mis en paiement pendant l'exercice qui suit celui pendant lequel ils ont été enregistrés dans le compte de résultat. L'impôt sur les sociétés fait l'objet de paiements d'acomptes et d'une régularisation ultérieure. C'est la raison pour laquelle ce sont les soldes comme l'E.T.E., le D.A.F.I.C., le solde financier et le solde de gestion qui sont considérés comme les plus pertinents.

6. Comment les banques détectent les entreprises défaillantes

6.1 Des investigations périodiques sur les causes des défaillances

Les causes de la défaillance des entreprises donnent lieu à des investigations périodiques, mais il est normal dans une économie fondée sur la concurrence qu'il se produise un renouvellement du tissu économique. En période de forte croissance, le nombre de faillites reste élevé, même s'il connaît un accroissement en cas de récession.

Ces études font ressortir cinq grandes catégories de causes de défaillance :

1) accidents (décès du dirigeant) ;

2) modifications de l'environnement peu prévisibles (baisse conjoncturelle du chiffre d'affaires, défaillance de clients importants, crise de trésorerie) ;

3) modifications de l'environnement prévisibles mais non anticipées (inadéquation des produits à la demande, non-compétitivité de l'offre) ;

4) contraintes préexistantes dans l'environnement mais devenant de plus en plus imparables (obsolescence de l'appareil de production, réalisation d'investissements déconnectés de l'évolution des marchés) ;

5) problèmes internes de gestion (crise de l'équipe de direction, incompétence des dirigeants, succession des chefs d'entreprise non préparée).

Deux causes essentielles aux faillites les plus spectaculaires

Les faillites ou quasi-faillites les plus spectaculaires enregistrées récemment résultaient de malversations financières et de rachat d'entreprises réalisés à des prix sans commune mesure avec leur valeur économique effective (« start-up » lancées prématurément dont l'offre en produits et en services n'était pas prête d'un point de vue technologique et ne correspondait encore à aucune demande solvable).

6.2 L'analyse discriminante ou méthode des scores

L'analyse discriminante consiste à calculer un indicateur synthétique *(score)* permettant d'identifier les entreprises présentant un risque de défaillance et à les différencier des entreprises considérées comme sans risque. Ce score est égal à la somme pondérée de ratios financiers identifiés comme déterminants. Selon la valeur du score obtenu, l'entreprise est classée sur une échelle de risques.

L'élaboration d'un tel modèle dépend moins de la méthodologie statistique utilisée que du stock de connaissances statistiques constitué par le prêteur.

130

Une des fonctions discriminantes les plus complètes demeure celle mise au point par la Banque de France dans le cadre de la Centrale des Bilans. Surtout, elle fait l'objet d'une publication destinée au public.

Toutefois, chaque banque a développé une méthode de scoring, qui lui est propre, pour ses différentes catégories de prêts et de clientèles. Sa validité intrinsèque dépend de la qualité de la banque de données dont la banque dispose. C'est une des raisons pour lesquelles il est difficile à un nouvel acteur bancaire de contester un marché déjà occupé par les banques déjà installées. En effet, celles-ci disposent de méthodes statistiques éprouvées permettant d'éliminer les clients considérés comme risqués.

6.3 Une segmentation du marché bancaire défavorable aux nouveaux entrants

Les clients éliminés par les banques principales auront alors tendance à se tourner vers un nouvel entrant sur le marché bancaire.

A – *Les dilemmes et les risques du nouvel entrant sur le marché bancaire*

■ Si celui-ci dispose d'une méthode de scoring suffisamment discriminante, il les éliminera à son tour, mais ne réalisera qu'une percée commerciale limitée, voire ne sera pas en mesure de contester la prééminence des banques occupant les différents segments du marché des prêts bancaires : sa part de marché restera marginale.

Si celui-ci n'a pas eu accès à une banque de données pertinente lui permettant d'élaborer une méthode de scoring suffisamment discriminante, il acceptera comme emprunteurs des clients à risques.

Si par ailleurs les conditions économiques générales se dégradent, les agents économiques les plus fragiles en période de prospérité risquent de ne plus pouvoir honorer leurs engagements vis-à-vis du nouvel entrant sur le marché bancaire et leurs prêts sont suceptibles de se révéler non-performants en période de récession. Le nouvel acteur bancaire sera alors victime d'un risque systémique non diversifiable, celui inhérent à la conjoncture économique à l'échelle d'un pays tout entier. Il sera victime d'un processus d'antisélection des bons dossiers de crédit.

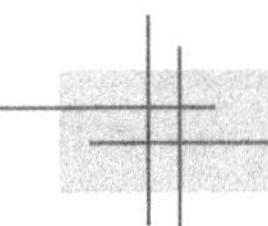

Limites de l'analyse

Cette analyse est pertinente pour les populations d'emprunteurs nombreuses (particuliers, P.M.E.). Elle ne l'est pas pour les populations d'emprunteurs restreintes, comme les grandes entreprises. Mais, dans ce cas, la problématique de l'irruption d'un nouvel entrant sur le marché bancaire se pose dans des termes un peu différents.

B – Des chances pour les nouveaux entrants ?

- Le nouvel entrant peut prendre des parts de marché en proposant des conditions bancaires très favorables à ses nouveaux clients si ceux-ci ont un statut financier élevé, auquel cas ses gains seront limités, voire négatifs (mais le démarchage de la clientèle des grandes entreprises ne nécessite pas de devoir créer un grand réseau aux coûts de structure élevés et donc de les amortir par un volume d'affaires suffisamment important).

- Le nouvel entrant peut également s'intéresser à la clientèle des grandes entreprises à la situation financière dégradée, auquel cas il s'expose à un risque de perte en capital que les gains plus élevés en frais financiers et en commissions bancaires peuvent ne pas couvrir.

6.4 Des marchés bancaires à faible contestabilité

Ces considérations expliquent la faible contestabilité des marchés bancaires nationaux. Si une banque veut s'installer dans un pays étranger, elle éprouvera de grandes difficultés à rentabiliser un réseau d'agences créé *ex nihilo*. Il est plus facile de racheter un réseau déjà constitué à un acteur bancaire installé qui désire s'en séparer ou plus simplement prendre une participation au capital d'une banque locale, voire la racheter.

La concurrence sur la banque de détail (particuliers et P.M.E.) est difficilement contestable par un nouvel entrant, sauf s'il construit un réseau de distribution autre qu'un réseau d'agences (distribution de produits d'épargne par des réseaux déjà constitués, ou bien distribution des produits bancaires par des canaux électroniques, quitte à ne toucher qu'une fraction de la clientèle potentielle).

À retenir

✔ La force de la méthode des ratios réside dans sa flexibilité et dans son pragmatisme. Si on dénomme n le nombre de soldes apparaissant dans les états financiers, le nombre théoriquement calculable de ratios est au moins égal à $n \times (n - 1)$, à condition de ne pas rajouter d'autres paramètres comme les durées ou les données financières (taux d'intérêt, taux de change). Or, de la sélection des ratios les plus pertinents dépend la qualité du jugement porté sur la situation financière d'une entreprise.

✔ Les typologies établies à propos des ratios sont évidemment nombreuses. Il est aisé d'opposer les ratios mesurant la rentabilité, l'efficacité et la productivité aux ratios évaluant les structures et les répartitions. Mais ce sont ceux permettant de restituer la dynamique des phénomènes qui sont les plus discriminants, ainsi que ceux qui peuvent être comparés avec des normes validées par la communauté des analystes financiers.

✔ Les méthodes statistiques permettant de prévoir le risque de défaillance des entreprises ne se fondent pas exclusivement sur l'étude des données extraites de leurs états financiers, mais doivent également tenir compte des spécificités des secteurs économiques ou des paramètres macroéconomiques, géographiques ou géopolitiques afin de prévenir l'émergence de risques systémiques.

Exemples numériques solubles sur tableur

Cas N° 2 : La méthodes des ratios appliquée aux deux versions de la comptabilité d'une même entreprise

En reprenant les données du cas n° 1, quelques ratios ont été sélectionnés afin de montrer qu'une même situation financière peut donner lieu à des interprétations opposées, si les données comptables ont été arrangées dans un sens favorable à l'entreprise.

* L'entreprise est devenue bénéficiaire, alors qu'elle était déficitaire ;

* L'efficacité du système productif a été fortement accru en diminuant le poids apparent des actifs et en accroissant la valeur ajoutée produite ;

* Son endettement est devenu supportable s'il est évalué à l'aune des frais financiers. Toutefois il progresse, s'il est mesuré par rapport aux capitaux permanents ou au total du passif ;

* La structure financière générale (fonds de roulement, ratios de trésorerie) s'améliore substantiellement ;

* L'évolution des ratios des postes constituant le besoin en fonds de roulement dépend de la hausse du chiffre d'affaires, de l'augmentation de l'encours des créances clients et de la variation des différents stocks. Ces modifications sont peu significatives.

Analyse financière	États financiers initiaux	États financiers retraités
Fonds de roulement	1 036 985	2 721 110
Besoin en fonds de roulement	1 595 786	2 065 786
Besoin en fonds de roulement hors exploitation	-319 436	-355 311
Trésorerie nette	-239 365	1 010 635
Earnings before interest, taxes, depreciation and amortization	932 155	977 155
Earnings before interest and taxes	177 155	325 488
Fonds de roulement / Chiffre d'affaires	17,59%	40,95%
Fonds de roulement / Valeurs d'exploitation	63,49%	159,76%
Fonds de roulement (jours de C.A. Hors Taxes)	63,33	147,42
Besoin en fonds de roulement (jours de C.A. Hors Taxes)	97,45	111,92
Besoin en fonds de roulement hors exploitation (jours de C.A. Hors Taxes)	-19,51	-19,25
Trésorerie nette (jours de C.A. Hors Taxes)	-14,62	54,75
Dettes financières à long terme + leasing / Capitaux permanents	20,84%	31,25%
Dettes financières + leasing / Total passif	35,48%	36,44%
Frais financiers directs / Chiffre d'affaires	4,00%	3,55%
Frais financiers directs / Excédent brut d'exploitation	-176,38%	29,24%
Ratio de liquidité générale	137,50%	239,46%
Ratio de liquidité restreinte	78,44%	152,17%
Ratio de liquidité immédiate	51,89%	94,05%

Rotation des stocks de matières premières (jours)	92,20	86,63
Rotation des stocks de produits finis (jours)	49,49	46,48
Rotation des créances clients (jours)	33,51	47,79
Rotation des dettes fournisseurs (jours)	75,76	75,76
Résultat net / Capitaux propres	-1,56%	1,13%
Earnings before interest and taxes / Capitaux propres	4,72%	6,84%
Earnings before interest and taxes / Capitaux permanents	3,74%	5,21%
Earnings before interest and taxes / Capitaux propres et dettes financières	2,76%	4,60%
Valeur ajoutée / Actif immobilisé net (hors leasing)	90,30%	111,29%
Amortissements cumulés / Valeur brute des immobilisations (hors leasing)	40,24%	40,48%

Chapitre 4

Comment les investisseurs financiers valorisent-ils les actions ?

Tarde venientibus ossa
Ceux qui viennent tard à table ne trouvent plus que des os
(Maxime de la morale latine)

La conjoncture des marchés d'actions vient de connaître des mouvements d'une ampleur historique inégalée.

Le plus important mouvement haussier de l'histoire économique mondiale s'est déroulé entre 1982 et 1999. Puis, la forte baisse des marchés d'actions s'est produite entre mars 2000 et octobre 2002. La chute du marché américain des actions a représenté plus de 70 % du P.I.B. des États-Unis. La chute cumulée des Bourses d'actions entre ces deux dates a représenté plus de 40 % du P.I.B. mondial.
Il s'agit de la plus forte destruction de valeur, certes potentielle, dans l'histoire financière mondiale, si l'on fait exception du krach boursier de 1929.

Toutes les Bourses ont été touchées, tant l'interdépendance des Bourses mondiales avait été croissante au cours de la décennie 90.

Les indices Standard's & Poors 500, Stoxx 600 européen et Nikkei japonais ont baissé respectivement de 49 %, 54 % et 60 %.

Cette baisse doit être relativisée, dans la mesure où une partie conséquente de la hausse était imputable aux valeurs Télécommunications Médias Technologies.

La nouvelle économie s'est avérée en grande partie illusoire. Les anticipations de rentabilité relatives aux applications marchandes liées aux T.M.T. se sont révélées infondées. Toutefois, l'émergence d'une nouvelle technologie s'est souvent accompagnée de la formation de bulles spéculatives qui ont disparu une fois que les acteurs principaux des marchés émergents ont consolidé leurs positions et que la taille des marchés futurs a fait l'objet d'évaluations réalistes.

1. Questions préliminaires à propos du marché des actions

L'analyse financière appliquée aux actions ne poursuit qu'un seul objectif : déterminer la capacité bénéficiaire future de l'entreprise. Car sa finalité est de sélectionner les actions qui présentent les meilleurs potentiels de rentabilité et de croissance.

1.1 Comment les marchés boursiers intègrent-ils l'information disponible ?

A – En quoi les marchés financiers sont-ils des systèmes efficients d'allocation des ressources ?

La question de savoir si les cours intègrent l'ensemble des informations disponibles sur les entreprises suppose de dissocier les différents niveaux d'efficience qui caractériseraient les marchés financiers.

- Selon la forme faible d'efficience informationnelle, les cours reflètent au moins toute l'information contenue dans les cours passés ;

- Selon la forme semi-forte de l'efficience informationnelle, les cours reflètent non seulement l'information contenue dans les cours passés mais aussi toute l'information publique ;

- Selon la forme forte de l'efficience informationnelle, les cours reflètent non seulement toute l'information publique, mais aussi l'information non encore publique. Ce niveau d'efficience implique que tout détenteur d'information privilégiée ne serait pas en mesure d'en tirer profit, car les cours en tiendraient déjà compte. Il est vrai qu'aucun gestionnaire de fonds n'est parvenu systématiquement à obtenir des performances supérieures au marché sur longue période. *In fine*, le prix de marché doit refléter la valeur fondamentale du titre en moyenne et à long terme.

Un marché financier est considéré comme un système efficient d'allocation des ressources, s'il permet également une diversification des risques. Un système de marchés financiers se caractérise par une telle propriété sil permet aux intervenants de conclure des contrats sur la livraison de biens et services futurs dans la totalité des contingences envisageables.

L'inefficience peut provenir :

- de la divergence entre rendement social et rendement privé (cas des externalités, des dépenses non prises en compte par le système des prix de marché) ;

- d'une tension entre immobilisation des fonds à long terme et liquidité des fonds placés (risque de transformation des échéances qui légitime l'existence des intermédiaires financiers ;

■ d'une redistribution insuffisante des risques par incapacité des intermédiaires financiers à les assurer, à les mutualiser ou à les neutraliser.

B – Quels sont les facteurs de variation des cours ?

1. Les opinions des analystes

Si toute l'information se rapportant à une société se reflétait immédiatement dans le cours de son titre, cela signifierait que l'analyse fondamentale des titres est inutile, puisque le cours de Bourse serait à tout moment une bonne évaluation de la valeur de la société. De fait, les analystes s'intéressent d'abord aux informations futures et anticipent l'évolution des cours des titres en fonction de celles-ci.

Par ailleurs, les analystes formulent des opinions à propos de ces informations, qui ne sont *in fine* que des interprétations et des anticipations. S'il existe des positions opposées (c'est-à-dire acheteur ou vendeur) à un moment donné et simultanément sur un même actif, c'est parce que les intervenants ont formulé des opinions divergentes en ce qui concerne l'évolution anticipée des titres.

Enfin, l'étude des cycles boursiers montre qu'il existe des représentations globales, des consensus partagés par la grande majorité des membres de la communauté financière. Il est postulé, à un moment donné, qu'un niveau de capitalisation donné est conforme aux données fondamentales de l'économie et qu'à un autre moment donné, celui-ci n'est plus conforme aux fondamentaux.

Les cours de Bourse traduisent *in fine* des croyances collectives, ce qui permettrait d'expliquer l'apparition transitoire des bulles spéculatives. Les croyances fondamentales changent, les conventions qui les justifient sont abandonnées ou tournées en dérision, ce qui permettrait d'expliquer *ex post* la résorption des bulles spéculatives.

142

L'influence de certaines théories économiques connaissant une notoriété temporaire n'est pas non plus à exclure, encore que la théorie financière dispose d'une autonomie épistémologique faible, et que ce sont surtout les modèles théoriques utilisés pour valoriser les actifs qui sont le plus à même d'influencer la formation de leurs cours.

2. Les comportements collectifs irrationnels

Il est toujours facile de réécrire l'histoire *a posteriori*, surtout lorsque les acteurs s'interrogeant sur leur conduite passée se demandent pourquoi ils ont été, sur le moment, aussi peu lucides, voire atteints d'une totale cécité.

L'histoire des idées et des représentations n'est que l'histoire des croyances devenues non crédibles, des croyances auxquelles les acteurs ont cessé de prêter crédit, peut-être par un exercice collectif et salutaire de lucidité, plus simplement parce que les réalités ont brutalement démenti leurs croyances. Il est évident que tous les discours tenus à propos de la création de valeur grâce à la montée des cours boursiers apparaissent, une fois le dégrisement collectif intervenu, comme parfaitement irrationnels, voire aberrants.

Toutefois, nombre d'analystes financiers étaient parfaitement conscients du caractère irrationnel de la montée des cours boursiers. Instruits des mouvements cycliques qui animent les marchés financiers, ils savaient parfaitement que ceux-ci sont déterminés par une conjonction de facteurs macroéconomiques qui impliquent que la valeur boursière d'une entreprise est un multiple plus ou moins important de ses bénéfices. Mais la force des conformismes (rebaptisés « rationalités mimétiques ») et des systèmes de contrôle fondés sur l'étalonnage comparatif (l'essentiel n'est pas de battre le marché, mais d'être conforme à la norme implicite ou explicite de performance) l'a emporté sur les analyses lucides, diffamées en analyses pessimistes.

3. La prétendue expérience

Par ailleurs, les agents économiques ne sont pas seulement peu lucides et toujours prompts à s'auto-illusionner, c'est-à-dire à s'inventer des récits mythiques auxquels ils finissent par accorder un certain crédit, voire par s'y identifier, quitte à refouler consciemment ou inconsciemment l'origine de ses mythes.

Conscients de cet irrationalisme boursier dont ils ont été autant les témoins que les acteurs, ils se croient devenus plus savants, plus sages ou plus prudents, alors qu'ils ne font que considérer le monde économique actuel du point de vue des nouvelles croyances qu'ils ont faites leurs, bien entendu à leur insu. Ils se croient plus perspicaces et plus avisés parce qu'ils analysent leurs anciennes croyances avec les grilles d'interprétation ou les systèmes de représentation que les nouvelles croyances, auxquelles ils se sont adonnés corps et âmes, leur fournissent.

Il est vrai que la lucidité est un frein quasi rédhibitoire à l'action et que l'on ne fait qu'échanger des anciennes croyances pour de nouvelles croyances.

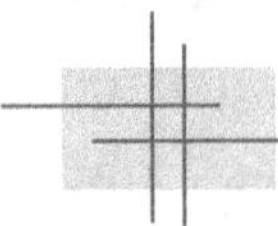

La flexibilité des prix des actifs financiers comme substitut à l'inertie des prix des biens réels

À bien des égards, il serait légitime de se demander si les différents marchés d'actifs ne sont pas animés de mouvements haussiers et baissiers transitoires à l'ampleur exagérée qui ne font qu'absorber l'excès passager de liquidités en circulation dans une économie. D'une certaine manière, les marchés d'actifs connaissent des phases d'inflation et de déflation qui permettent de créer et de détruire une quantité considérable de valeur fictive, alors que les variations des prix dans la sphère économique réelle sont d'ampleur limitée, compte tenu des politiques monétaires mises en œuvre depuis deux décennies.

4. Les informations additionnelles

Les paramètres à prendre en compte pour anticiper la rentabilité future d'une société sont ceux qui détermineront le futur compte de résultat. A cet égard, toute information concernant l'activité de l'entreprise doit être prise en compte, surtout si elle est de nature non récurrente et susceptible de modifier son activité normale. Si l'on fait l'hypothèse que les cours actuels intègrent l'ensemble des informations passées, il apparaît que ce sont les informations additionnelles, nouvelles et non anticipées qui sont de nature à influer sur la rentabilité future du titre.

Les informations pertinentes sont, en réalité, rares

En fait, ce type d'événement est rare et donc il est évident que la quasi-totalité des transactions n'est pas fondée sur la survenue d'une information nouvelle. En cas d'événement exceptionnel et non anticipé, il est probable que la fréquence et le volume moyen des transactions devront croître.

Au mieux, les publications relatives aux résultats des entreprises cotées interviennent tous les trimestres. Les transactions journalières seront donc des prises de position et des opérations d'arbitrages de traders et d'investisseurs, qui ne sont pas causées par un élément fondamental (une information susceptible d'influer sur la rentabilité future de l'entreprise). En conséquence, il existe plusieurs catégories d'intervenants sur les marchés financiers qui obéissent à des motivations différentes.

1.2 Qu'apporte l'étude sociologique des marchés financiers ?

Une analyse fonctionnaliste rend mieux compte des mécanismes réels de fonctionnement des marchés financiers. Puisque le paradigme économique dominant postule que l'allocation des fonds est mieux assurée grâce à l'existence de marchés financiers, il est normal que les agents économiques, dont la fonction économique est de conclure des transactions sur ces marchés, remplissent leur fonction. Il s'agit d'une vérité banale et tautologique.

Mais, si le fondement ultime justifiant l'existence des marchés financiers résulte du simple exercice professionnel d'agents économiques rémunérés pour exercer ce métier, on comprend alors le renouveau des analyses sociologiques et psychologiques pour expliquer le fonctionnement des marchés financiers.

A – Distinguer les différentes catégories d'intervenants sur les marchés financiers

Les catégories d'intervenants sur les marchés financiers d'actions sont plus diversifiées que sur les autres compartiments réservés à des professionnels en raison de leur plus grande technicité et des montants mis en jeu.

Il est possible de distinguer :
- les traders privés ;
- les particuliers intervenant directement en bourse ;
- les contrepartistes professionnels ou traders salariés (qui prennent des positions pour le compte des organisations qui les salarient et qui ne font pas seulement office d'intermédiaires) ;
- les gestionnaires de fonds privés, des investisseurs appelés à prendre des positions plus ou moins longues sur un titre.

C'est cette dernière catégorie d'intervenants qui a recours à l'analyse fondamentale. Les autres catégories d'intervenants utilisent les cours passés pour décider ou non de leur intervention sur les marchés des actions (ce qui légitime le recours à l'analyse technique, à savoir l'interprétation des graphes des cours passés pour déterminer leurs évolutions futures).

B – Comprendre les comportements des investisseurs en fonction de leur statut

Le marché des actions repose sur une stratification des intervenants boursiers :

- Ceux qui possèdent le capital ou des minorités de blocage des grandes entreprises, voire ceux qui exercent la direction des grands groupes, sont les premiers possesseurs des informations authentiques relatives aux groupes qu'ils possèdent ou dirigent. Leurs prises de position boursières reflèteraient de la manière la plus vraisemblable les évolutions des paramètres fondamentaux. En conséquence, les détenteurs d'informations privilégiées ne sont pas autorisés à intervenir sur les marchés financiers, au risque de commettre un délit d'initié.

- Les investisseurs institutionnels ont les ressources nécessaires pour faire l'acquisition des services d'équipes d'analystes financiers et sont donc en mesure de prendre des positions fondées sur des éléments fondamentaux. Mais leurs interventions sur les marchés peuvent parvenir à faire varier les cours dans des proportions suffisantes pour être décelables par des individus ne disposant pas de véritable source d'information fiable. Il est logique que les investisseurs institutionnels ou professionnels cherchent à obtenir des performances comparables à l'évolution moyenne des marchés. Souvent ils sont tenus de garantir un rendement minimum à leurs investissements par l'utilisation des produits dérivés.

■ Les spéculateurs professionnels sont des fondamentalistes capables d'anticiper les comportements des autres intervenants, tandis que les spéculateurs à court terme assurent la liquidité du marché et ne sont intéressés que par les variations instantanées des cours.

■ Les particuliers, qui n'ont aucune possibilité d'obtenir des informations pertinentes, interviennent toujours à contrecoup sur les marchés, prolongeant de manière excessive les tendances déjà constatées, ou contribuant à la formation de cours absurdes, voire à la constitution de bulles financières. Lorsque les tendances finissent par s'inverser, ils sont les premières victimes des krachs boursiers, alors que les détenteurs des informations les plus pertinentes ont inversé leurs positions depuis longtemps.

1.3 Qu'apporte l'étude psychologique des marchés financiers ?

L'économie des marchés financiers est également affaire de rhétorique et de psychologie, puisqu'il s'agit de persuader les individus d'intervenir sur le marché, leurs interventions étant la condition nécessaire, mais pas suffisante, pour l'animer.

À cet égard, il n'est pas abusif de parler de marketing des valeurs mobilières. Il existe des phénomènes de mode, des engouements irrationnels pour certains titres à un moment donné, tandis que d'autres sont délaissés, indépendamment de tout facteur rationnel (« une partie de la cote a la cote, tandis qu'une partie de la cote est décotée »). La construction des attitudes des agents économiques ne peut se comprendre que lorsque la notion même d'anticipation est déconstruite : les anticipations sont devenues adaptatives, extrapola-tives, puis rationnelles (qui stipulent la négation de toute action manipulatrice sur les acteurs économiques, ceux-ci étant suffisam-ment rusés et informés pour contrer toute mesure de politique éco-nomique leur étant préjudiciable).

A – Avancer l'hypothèse de l'efficacité des prophéties sur le comportement des acteurs

Les prophéties incarnent une forme d'antithèse de la notion d'anti-cipation, un renversement paradigmatique postulant la possibilité de manipulation globale de l'ensemble des acteurs économiques (duquel dérive la notion de croyance ou de « convention » : la plus célèbre d'entre elles postule que les investisseurs financiers ne font l'acquisition que de titres de sociétés dont la rentabilité des capitaux propres – R.O.E. – devrait tendre vers la valeur mythique des 15 %). Elles constituent, soit des projections inconscientes des deve-nirs collectifs possibles, soit des représentations collectives du futur imposées à l'ensemble des acteurs. Les prophéties demeurent les ins-truments les plus efficaces pour influencer, élaborer ou manipuler les représentations collectives des agents économiques.

B – Montrer les effets des anticipations des acteurs

La théorie des anticipations a permis de rompre avec les conceptions « naïves » des processus d'ajustement de l'offre à la demande, et donc des processus de régulation des marchés. Elle intègre des pro-cessus décisionnels qui ne se réfèrent plus seulement à une maximi-sation sous contrainte des satisfactions des agents afin d'obtenir un optimum économique de premier rang.

Le comportement des agents économiques est fonction dès lors de la quantité d'information qu'ils ont à leur disposition à un moment donné et de leur capacité à réajuster leur comportement au fur et à mesure des nouvelles informations qu'ils reçoivent ou obtiennent.

■ Les anticipations extrapolantes (ou extrapolatives) constituent le modèle le plus inerte puisque l'agent a tendance à formuler une représentation de l'avenir conforme aux tendances observées dans le passé ;

■ Les anticipations adaptatives permettent de corriger les erreurs passées plus rapidement dans la mesure où les agents intègrent beaucoup plus vite que dans le cas des anticipations extrapolantes les nouvelles informations disponibles et ajustent leurs comportements en conséquence.

Ces deux théories consistent en des aménagements de la théorie de l'équilibre général expliquant l'inertie des comportements de court terme et la longueur des périodes de tâtonnement permettant d'atteindre les prix d'équilibre.

■ Les anticipations rationnelles s'opposent par leur hyper-rationalisme aux théories contestant la rationalité pure et parfaite des agents. Les agents économiques, par leurs comportements, finissent par annihiler les effets des politiques économiques en adoptant des comportements qui à moyen et long terme rétablissent les équilibres fondamentaux des marchés qu'une intervention de court terme a pu momentanément perturber.

C – Reconnaître la pluralité des rationalités en environnement incertain

Les économies contemporaines sont des économies qui ont laissé une grande place aux marchés financiers pour assurer l'allocation des ressources et le financement des agents économiques.

Toutefois, le montant des capitaux effectivement levés par appel à l'épargne publique pour financer les entreprises est beaucoup moins important que celui fourni par le système bancaire classique (surtout s'il l'on déduit du montant des capitaux souscrits le montant de leurs propres actions rachetées et annulées par les entreprises) : la finalité des marchés d'actions est autant la valorisation des entreprises cotées que leur financement.

Or les mécanismes réels de fonctionnement des marchés financiers diffèrent de ceux que les théoriciens de l'équilibre néo-classique avaient postulés. Il est nécessaire pour en comprendre le fonctionnement de se référer à une approche admettant la pluralité des rationalités dans un environnement incertain.

1. Certaines rationalités microéconomiques créent des décalages entre les marchés financiers et l'économie réelle

Les agents intervenant sur ces marchés ne sont pas irrationnels, mais certaines rationalités microéconomiques mises en œuvre par ces agents conduisent à des comportements anormaux. Certes, ces anomalies ne se transmuent pas en normes : les incohérences entre rationalités micro et macroéconomiques ne sont pas telles que la sphère financière acquière une autonomie par rapport à l'économie réelle. Le principe de réalité finit toujours par triompher, surtout en économie.

Néanmoins, l'existence de décalages, parfois très marqués, entre la sphère des marchés financiers et celle de l'économie réelle, supposée régulée par les mécanismes économiques classiques, est un fait avéré pour les économies ayant fortement développé leurs marchés financiers, comme en atteste l'existence de bulles spéculatives transitoires.

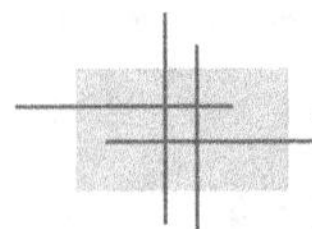

Similitude

Ces décalages ne sont pas réservés aux seuls marchés financiers, parce que de tels phénomènes apparaissent régulièrement sur les marchés des matières premières et sur les marchés immobiliers.

2. Les rationalités mimétiques expliquent en partie les phénomènes de bulles financières

La rationalité mimétique, par exemple, est l'un des moteurs les plus puissants expliquant le comportement des intervenants sur les marchés financiers, essentiellement pour des raisons tenant à la sociologie des organisations.

Le principe du processus de récompense et de sanction

Un intervenant qui prend une position contraire à l'opinion dominante des intervenants sur un marché doit se justifier. Un intervenant isolé qui réussit à battre le marché sera récompensé, un intervenant isolé qui est battu par le marché sera sanctionné. L'ensemble des intervenants qui obtiendra des performances conformes à l'évolution des tendances globales du marché (que ce soit à la hausse ou à la baisse) ne sera pas sanctionné.

Ce puissant processus de récompense et de sanction des intervenants sur les marchés financiers explique les comportements mimétiques et le grand consensus qui règne sur un marché à un moment donné (voire le conformisme intellectuel et organisationnel). Il explique également la soudaineté des renversements de tendance, car les changements des systèmes de représentation sont brutaux et interviennent dès qu'un indice invalide les représentations antérieures, ou plus exactement fait ressortir le caractère devenu brutalement insupportable de certaines dissonances entre la réalité, ses images et ses symboles.

Les rationalités mimétiques expliquent en partie les crises récentes des systèmes bancaires et financiers des pays industrialisés

Les crises majeures qui ont secoué les systèmes bancaires et financiers des pays industrialisés s'expliquent notamment par la théorie des rationalités mimétiques. La facilité avec laquelle les banques ont consenti des prêts aux pays en voie de développement dans la décennie 70, puis se sont engagées dans des opérations de spéculation immobilière entre 1985 et 1990 s'explique en partie parce que les risques, pris individuellement par chacun des organismes prêteurs, n'ont pas été rapportés au niveau des risques supportés globalement par un pays, un ensemble de pays ou un secteur économique.

Les organismes bancaires ont rationalisé leur attitude en avançant les hypothèses, d'une part que les prix des matières premières étaient structurellement orientés à la hausse, d'autre part que les prix de l'immobilier étaient sous-estimés par rapport aux prix constatés dans d'autres métropoles.

Précision sur le marché immobilier

Une enquête ultérieure a mis en évidence que les conclusions des études faisant état du caractère relativement bon marché des actifs immobiliers n'avaient pas été établies avec toute la rigueur requise et que la modification des dispositions fiscales alors en vigueur avait entraîné une forte hausse de la construction immobilière, sans véritablement qu'il ne soit tenu compte de la capacité du marché immobilier à absorber cette offre supplémentaire.

Les anticipations erronées sur les nouvelles technologies de l'information et de la communication à l'origine de bulles spéculatives

La formation des bulles spéculatives sur les marchés des actions à partir du milieu de la décennie 90 s'explique par des anticipations de croissance et de rentabilité erronées en ce qui concerne les nouvelles technologies de l'information et de la communication. Celles-ci ont effectivement bouleversé les modes de vie des consommateurs et les modes de fonctionnement des organisations. En revanche, elles ont permis seulement à quelques grandes entreprises, principalement américaines, de connaître une croissance extraordinaire, tandis que quelques opérateurs de téléphonie fixe faisaient faillite (ceux dont l'actionnariat était majoritairement public échappant à la cessation de paiements).

Les échanges sur les marchés financiers sont des processus dynamiques entre des acteurs à pouvoirs d'influence différenciés

Ce mode d'analyse des comportements observés sur les marchés financiers semble *a priori* contradictoire avec le fait que tout échange repose sur la confrontation d'une offre et d'une demande, et donc sur des analyses divergentes de la confrontation desquelles doit surgir le prix d'équilibre censé satisfaire la majorité des intervenants.

En réalité, les échanges sur les marchés financiers ne sont pas des jeux à somme nulle, mais des processus dynamiques qui, selon le poids financier et l'importance des acteurs, permettent de différer le règlement comptable des opérations (et donc le constat de la perte ou du gain), voire d'en transférer la charge à d'autres acteurs qui ne bénéficient pas d'un accès au marché dans des conditions similaires (ne serait-ce que, par exemple, les nouveaux entrants sur les marchés qui acceptent d'acquérir par la suite des actifs à des prix surévalués, quitte à devoir faire face à la résorption de la bulle spéculative).

Les acteurs dans les jeux de marchés sont inégaux, non seulement parce que leur pouvoir financier d'intervention est très dissemblable (et donc parce que certains peuvent, par le seul poids de leurs interventions, modifier les prix de marché), non seulement parce qu'ils ne disposent ni des mêmes informations, ni des mêmes compétences professionnelles, ni des mêmes technologies (informatiques et communicationnelles), mais surtout parce qu'ils sont investis de pouvoirs d'influence aux portées fort dissemblables.

Le poids des gourous

L'existence de « gourous » sur les marchés financiers n'est-il pas l'indice de l'existence de leaders d'opinions sur ces mêmes marchés, et donc des besoins des intervenants de pouvoir se réclamer des opinions émises par des individualités dont les paroles font autorité ?

3. **Les phénomènes de sur-réaction sont aussi à l'origine des bulles financières**

Les rationalités mimétiques n'expliquent pas à elles seules les phénomènes de bulles financières. Les phénomènes de surréaction *(overshooting)* constatés sur les marchés financiers, et surtout sur les marchés des changes, sont liés aux volumes échangés sur ces marchés.

La mondialisation des marchés financiers a conduit les agents à pouvoir arbitrer les actifs qu'ils détiennent – directement ou indirectement par le biais d'organismes collectifs de gestion d'actifs – en fonction de leur nature intrinsèque et de la devise dans laquelle ils sont libellés. L'arbitrage international des actifs conduit les agents à ajuster des stocks de créances, et donc à échanger des masses sur les marchés susceptibles de provoquer des mouvements de prix amplement supérieurs aux évolutions qu'auraient nécessité les ajustements induits par les variations des paramètres de base (comme la parité des pouvoirs d'achat ou des taux d'intérêt pour évaluer les taux de change).

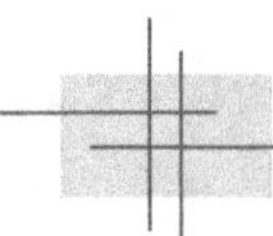

Les conséquence de l'absence de norme

La constitution de bulles spéculatives est facilitée par l'absence de norme généralement admise ou économiquement incontestable pour fixer des échelles de valeurs de référence (comme c'est le cas avec la généralisation des taux de change flexibles ou avec la valeur purement spéculative de certains actifs, comme les œuvres d'art, dont la valeur n'est pas indexable à des données fondamentales).

2. Comment utiliser les modèles de valorisation des actions

Ces modèles ont une limite évidente. Ils méconnaissent la structure spécifique du marché de chaque action, autrement dit :

- le niveau de capital flottant susceptible d'être échangé (qui n'est pas détenu par des actionnaires s'étant engagés à détenir les actions pendant une période de temps relativement longue),

- la liquidité du marché (la possibilité de trouver une contrepartie pour conclure une transaction portant sur ces titres),

- sa profondeur, ou élasticité ou résilience (la possibilité de conclure des transactions sur des volumes importants sans provoquer une variation des prix excessive, de la même façon qu'un matériau dit résilient peut encaisser des chocs violents puis retrouver sa forme initiale).

Ces paramètres sont cruciaux et expliquent une grande partie des préjugés favorables ou défavorables que les gestionnaires d'actifs nourrissent à l'égard de certains titres. Lorsqu'ils forment leurs jugements, des considérations à la fois fondamentales et purement fonctionnelles entrent en ligne de compte. Il ne sert à rien de sélectionner les valeurs présentant les meilleurs potentiels de croissance si leurs marchés sont peu liquides, voire si la réalisation de ces titres s'effectue dans des conditions telles qu'elles annulent une partie des gains espérés.

2.1 Les modèles actuariels

L'action est un titre financier qui se caractérise, à la différence des obligations à taux constants, par des revenus variables dans le temps (les dividendes) et par le non-remboursement du capital (du moins lorsque le nominal ne fait pas l'objet d'un remboursement total ou partiel, ce qui est très rare, voire interdit).

Soit i, le taux de taux rendement interne pour les actifs risqués à long terme, et Fj le revenu perçu à la date j (soit un dividende, soit le cours de revente de l'action).

$$\text{La valeur d'une action est égale à : } P = \sum_{j=1}^{n} Fj \, . \, (1 + i)^{-j}$$

Cette formule *(dividend discount model)* ne prend pas en compte les effets de dilution induits par les augmentations de capital, les conversions d'obligations convertibles et toutes les opérations affectant la valeur du dividende.

LE MODÈLE DE GORDON SHAPIRO postule une augmentation de croissance des dividendes à un taux constant g sur une période infinie. Ce taux doit être inférieur au taux de rendement interne (ce qui exclut les valeurs de croissance).

La valeur d'une action est égale à :

$$C_0 = \lim_{j=1} \sum^{+\infty} D_0 \cdot (1 + g)^j \cdot (1 + i)^{-j} = D_0 \cdot (1 + g) \cdot (i - g)^{-1}$$

avec $i > g$

Or $D_1 = D_0 \cdot (1 + g)$

$$C_0 = D_1 \cdot / (i - g) \ \ (\text{avec } i > g)$$

Le multiplicateur boursier est le rapport du cours de l'action et du bénéfice par action (P.E.R. : « price earning ratio »). Soit d, le taux de distribution des dividendes ($D = d \cdot B$).

$$\text{P.E.R.} = C_0 / B_1 = D_1 / [(i - g) \cdot B_1] = d / (i - g)$$

$$\text{P.E.R.} = d / (i - g) \ (\text{avec } i > g)$$

Le P.E.R. donne lieu à trois expressions complémentaires :

- Le ratio de rendement, qui est égal au produit du P.E.R. par le taux de rendement actuariel de l'emprunt sans risque, assimilé au taux des emprunts d'État à 10 ans ;

- Le ratio de dividende mesurant le rendement de l'action et qui est égal au rapport entre le dividende et le cours. Ces deux ratios doivent être calculés sur des durées homogènes.

$$\text{yield ratio (ratio de rendement)} = \text{P.E.R.} \, . \, i$$

$$\text{dividend ratio (ratio de dividende)}$$
$$= \text{dividende par action/cours moyen de l'action}$$

■ Le ratio q de Tobin est égal à la capitalisation boursière rapportée au coût de remplacement des actifs, et donc à la valeur nette comptable de l'entreprise *(price to book value)* ;

C'est une mesure essentielle de la valeur d'une entreprise qui met en évidence les divergences existant entre la valeur patrimoniale de l'entreprise et sa valeur actuarielle.

LE MODÈLE DE BATES intègre le taux de croissance du bénéfice par action et le taux de distribution de ce bénéfice (supposés constants). Sa formule permet de calculer le P.E.R. par action à la date n en fonction du P.E.R. à la date 0.

$$\text{P.E.R.}_n = \ \text{P.E.R.}_0 \, (1 + i)^n \, . \, (1 + g)^{-1} - d \, . \, (1 + g)^{-1}$$

$$. \sum_{p=1}^{n} (1 + g)^p \, . \, (1 + i)^{-1} \ . \, (1 + i)^n \, . \, (1 + g)^{-n}$$

Une variante de cette formule permet d'exprimer à la date n le cours de revente C_n en fonction du cours d'achat C_0 et du bénéfice B_0 (avec $i > g$) :

$$C_n = C_0 \, . \, (1 + i)^n - d \, . \, (1 + g)^{-1} \, . \, B_0 \, . \, (1 + g) \, / \, (i - g) \, . \, [1 - [(1 + g)^n$$
$$. \, (1 + i)^{-n} \,]] \, . \, (1 + i)^n$$

■ Le délai de recouvrement théorique du prix de l'action par le flux futur des bénéfices par action actualisés au taux de rendement des obligations à long terme correspondant à la classe d'actions présentant le même niveau de risque représente une valorisation alternative du P.E.R. (MÉTHODE DE HOLT). Le cours de l'action est considéré comme la somme des termes d'une suite géométrique de premier terme B_0 de raison $(1 + g) / (1 + i)$.

$$P.E.R. = P/ B = (\, [(1 + g) / (1 + i)\,]^n - 1) / (\, [(1 + g) / (1 + i)\,] - 1)$$
$$= (Q^n - 1) / (Q - 1)$$

$$n = Ln\, [\, P.E.R.\, .\, (Q - 1) + 1]\, /\, Ln\, Q$$

Ces modèles de valorisation des actions se rapportent à des titres auxquels aucun privilège particulier n'est rattaché.

Toutefois, il existe plusieurs catégories d'actions et leur estimation doit, bien entendu, tenir compte des différentes configurations de droits qui leur sont rattachés.

Deux catégories de droits particuliers sont à prendre en considération, ceux relatifs à leur rémunération et ceux relatifs aux droits de vote :

■ les actions bénéficiant d'un dividende minimum garanti (auquel cas, elles sont assimilables à des rentes);

■ les actions à dividende prioritaire sans droit de vote (l'absence de droit de vote est rémunérée par un ordre prioritaire à percevoir un dividende, pour autant qu'il soit versé);

■ les actions sans droit de vote (certificats d'investissement, les certificats de vote ayant été annulés ou détachés des titres) ou les actions à droit de vote double (voire multiple). Dans ce cas, le prix de ces actions dépend de la valeur résiduelle de ces droits de vote (qui peuvent être fortement valorisés en cas d'offres publiques d'achat ou de vente).

Ces pratiques sont réglementées par les droits nationaux des sociétés. Toutefois, le droit des États-Unis, moins limitatif, a permis l'apparition d'actions préférentielles *(preferred shares)* dotées de paramètres multiples (avec éventuellement des options de rachat de la part des émetteurs à un horizon de 10 à 30 ans).

L'apparition des quasi-fonds propres (titres subordonnés à durée indéterminée ou déterminée dont la rémunération est pour partie fixe, pour partie indexée sur certains résultats, comme les prêts participatifs) a permis de diversifier les sources de financement à long terme.

Cette catégorie de titres était surtout utilisée par les anciennes sociétés nationalisées qui n'étaient pas autorisées à procéder à des augmentations de capital (l'État voulant conserver la majorité, voire l'intégralité, des droits de vote, tout en n'ayant pas les moyens de procéder à des recapitalisations). Elles cherchèrent, dès lors, à se procurer des capitaux à long terme, dépourvus certes de droit de vote, mais présentant des conditions de rémunération relativement attractives pour les investisseurs.

Une catégorie de titres sur le déclin

En réalité, cette catégorie de titres présente des caractéristiques qui sont unilatéralement favorables à l'émetteur :

- Ils permettent de ne pas diluer le capital existant et donc de ne pas modifier les équilibres de pouvoir au sein de l'actionnariat existant. Les investisseurs sont invités à financer les entreprises sans être autorisés à contrôler les décisions de leurs organes dirigeants ;

- Les titres sont assimilés à des fonds propres. Certes, ils doivent faire l'objet d'une rémunération annuelle minimale, mais ils ne sont remboursables qu'en dernier rang en cas de liquidation de l'entreprise. Par ailleurs, ils peuvent être utilisés pour le calcul du ratio mesurant la composition organique des capitaux permanents (et donc offre la possibilité de contracter des emprunts à moyen et à long terme pour un montant équivalent) ;

- Enfin, leur rémunération ne tient compte que partiellement des performances de l'entreprise, à la différence des actions d'une part, des dettes financières, d'autre part.

Cette catégorie de titres est non seulement en déclin en raison de la privatisation d'une grande partie des entreprises du secteur public, mais surtout parce qu'ils présentent des risques et des conditions de rémunération moins intéressantes que les titres classiques, sans en offrir les avantages.

2.2 Les modèles fondés sur la mesure du risque

A – *Le modèle d'équilibre des actifs financiers (M.E.D.A.F.)*

Le M.E.D.A.F. (modèle d'équilibre des actifs financiers) est une solution alternative pour l'évaluation des actions. Il admet pour hypothèses celles relatives à la concurrence pure et parfaite en micro-économie. Il correspond à la constitution d'un portefeuille d'actions d'équilibre pour lequel il n'existe plus d'excès de demande pour un actif quelconque.

Toutefois, quel que soit le degré de diversification du portefeuille détenu par un investisseur, celui-ci ne peut espérer de ses investissements en actions que la rémunération du risque dépendant du marché (en plus du taux sans risque).

Le M.E.D.A.F. postule l'existence d'une relation linéaire entre la rentabilité anticipée par le marché d'un titre $E(Ri)$ et le risque de ce titre βi.

Si $E(Rm)$ et Rf indiquent respectivement le taux de rentabilité escompté du marché et le taux de l'investissement sans risque, alors la droite de marché est la suivante :

162

$$E(Ri) = Rf + \beta i \cdot [E(Rm) - Rf]$$

Le coefficient βi mesure la variation relative de l'action i par rapport au marché.

Il est égal à : $\beta i = Cov\ (Ri,\ Rm)\ /\ Var(Rm)$

Selon la valeur de coefficient β, les actions sont réparties en plusieurs catégories qui correspondent à leur comportement en fonction des variations du marché :

- Si ce coefficient est supérieur à 1, alors ces actions amplifient les variations du marché et sont considérées comme volatiles ou agressives.

- Si ce coefficient est inférieur à 1, alors ces actions minorent les variations du marché et sont considérées comme peu volatiles ou défensives.

- Si ce coefficient est égal à 1, le titre reproduit exactement les variations du marché.

En réalité, l'utilisation du coefficient bêta est rendue délicate par son instabilité dans le temps. Il varie avec la volatilité des titres et des marchés, surtout dans les environnements très mouvementés.

Parade

Pour remédier à ces inconvénients, SCHOLES-WILLIAM a proposé de calculer un coefficient bêta estimé sur trois périodes successives décalées dans le temps et SCHWERT-SEGUIN le décompose en un bêta statique et un bêta dynamique (inversement proportionnel à la volatilité du marché, ce qui le neutralise en cas de marché très turbulent).

Un investisseur ne peut pas éliminer le risque de marché, si ce n'est en s'abstenant d'y investir. En revanche, il peut sélectionner les titres composant son portefeuille pour minimiser les risques spécifiques à chaque titre.

> **Le risque d'un portefeuille d'actions dépend du risque présenté par chacune des actions qui le composent, du degré d'indépendance des rendements des titres individuels et du nombre de titres en portefeuille.**

L'ensemble des portefeuilles optimaux est construit selon un principe précédemment énoncé. Plus le risque encouru par le détenteur d'un portefeuille est élevé, plus l'espérance de gain est également élevée, et inversement.

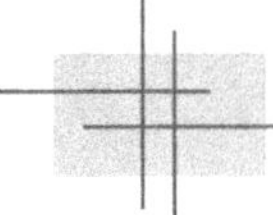

Limites du modèle

Ce modèle suppose de déterminer ses paramètres en se fondant sur des valeurs historiques. Il est donc relativement peu efficace en périodes de fortes turbulences boursières. Surtout il permet de classer les actions en fonction de leurs risques spécifiques, non d'expliquer les variations des marchés des actions en valeur absolue par rapport aux autres marchés d'actifs.

Le M.E.D.A.F ne constitue qu'une approche partielle d'une théorie plus générale et conceptuellement plus rigoureuse, le modèle d'évaluation fondé sur l'arbitrage (M.E.A.).

B – Le modèle d'évaluation fondé sur l'arbitrage (M.E.A.)

Le M.E.A. n'exige aucune hypothèse quant à la distribution empirique des probabilités des rentabilités des actifs (alors que le M.E.D.A.F. présuppose une distribution normale des rendements des actions). Il permet d'expliquer la formation des cours en prenant en compte plusieurs facteurs et plusieurs périodes.

Il implique un traitement statistique qui rend possible l'identification des facteurs permettant d'analyser la rentabilité des actifs (matrice des variances et covariances des rentabilités journalières des actifs, analyse factorielle ou en composantes principales pour déterminer le nombre de facteurs explicatifs et leur pondération, modèle de régression multiple destiné à expliquer les variations des rentabilités espérées et à mesurer la signification de la valeur de la prime de risque de chaque actif).

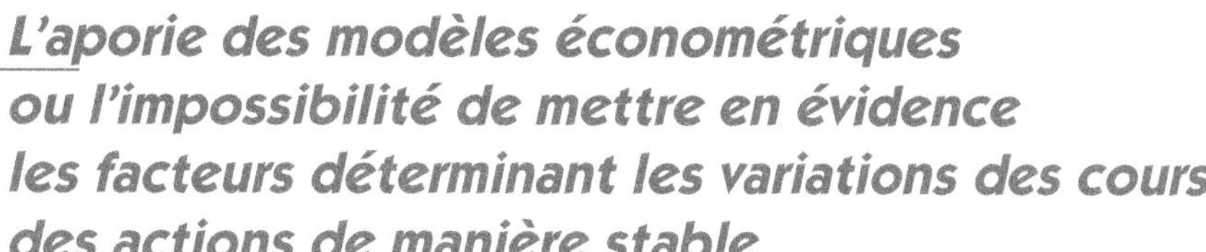

L'aporie des modèles économétriques ou l'impossibilité de mettre en évidence les facteurs déterminant les variations des cours des actions de manière stable

En réalité, le problème principal réside dans l'identification des facteurs explicatifs mis en évidence par l'analyse en composantes principales, et donc des variables économiques qui les sous-tendent. Le modèle d'évaluation fondé sur l'arbitrage consiste en fait en une exploration empirique et statistique des facteurs expliquant la rentabilité des actifs avec toutes les limites inhérentes à cette démarche (corrélations multiples et croisées des variables explicatives et explication *in fine* que d'une partie plus ou moins limitée de la variation des taux de rentabilité des actifs).

Ce modèle n'a, pour le moment, pas permis d'identifier les facteurs permettant d'expliquer de manière décisive la formation des cours des actions, essentiellement en raison de l'interdépendance des variables explicatives.

2.3 La prévention du risque par la diversification des actifs financiers

A – Appliquer le modèle d'équilibre des actifs financiers

Le modèle d'équilibre des actifs financiers a déjà fait l'objet d'une présentation succincte.

Chaque action se caractérise par un coefficient β égal au rapport entre la covariance des taux de rentabilité de l'action avec ceux de l'indice du marché des actions d'une part, et la variance des taux de rentabilité de l'indice du marché des actions, d'autre part.

Le risque d'un portefeuille d'actions dépend de trois facteurs :
- le risque spécifique de chaque action appartenant au portefeuille ;
- les corrélations des variations des cours des actions constituant le portefeuille ;
- le nombre de titres composant le portefeuille.

Si toutes les variations de tous les titres étaient indépendantes les unes des autres et donc leurs coefficients de corrélation nuls, alors le bêta du portefeuille serait égal à la somme des bêtas des actions constituant le portefeuille.

Dans la réalité, les rentabilités des différents actifs sont moyennement corrélées positivement sur un marché d'actions donné, parce que les cours de la plupart des titres sont liés à la situation économique générale du pays dans lequel la place boursière est localisée.

Avec seulement 20 titres différents, le niveau de diversification est déjà très significatif. Avec 30 titres, on tend vers une diversification parfaite, surtout s'il s'agit des principales capitalisations boursières de la place, ainsi qu'il a été mis en évidence par de nombreux tests empiriques.

C'est la raison pour laquelle les indices comprenant les principales sociétés cotées sont représentatifs de la place boursière considérée dans sa globalité (le Dow Jones ne comprend que les trente premières capitalisations boursières du New York Stock Exchange et le CAC 40 les quarante premières capitalisations de la place de Paris).

Il faudrait toutefois augmenter le nombre de titres lorsqu'on s'intéresse à plusieurs marchés boursiers nationaux conservant leur autonomie (c'est-à-dire dont les variations ne sont pas trop fortement corrélées les unes avec les autres).

Le risque de portefeuille décroît de manière non linéaire au fur et à mesure que l'on ajoute des actions dans un portefeuille. En effet, au-delà d'une certaine limite, les cours des actions tendent à varier en général dans le même sens, car la majorité des corrélations entre les variations des titres est positive.

Cette approche doit être nuancée par un effet propre aux principales capitalisations sur une place boursière donnée. Les actions cotées sur un marché ne connaissent pas, dans les faits, un traitement égal.

Il faut également prendre en considération quelques facteurs qualitatifs susceptibles d'expliquer certains biais statistiques.

   167

B – Apprécier le poids respectif des différentes capitalisations boursières dans la valeur globale d'un marché d'actions

Les principaux indices représentatifs des marchés boursiers correspondent à la somme des plus importantes capitalisations. Le fait d'appartenir à un indice représentatif est susceptible d'induire des variations de cours déconnectées de la valeur fondamentale du titre.

Un investisseur international désireux de placer une part de ses liquidités sur un marché boursier national aura tendance à acquérir directement ou indirectement les valeurs les plus importantes de celui-ci. Cet effet est renforcé par la gestion indicielle et par l'investissement direct dans des fonds communs de placement dont les performances sont directement indexées sur un indice boursier (*tracker*).

C – Prendre en considération la structure de l'actionnariat

Déterminer la structure de l'actionnariat c'est établir la part du capital flottant, celle susceptible de faire l'objet d'un échange sur le marché à court terme. Cette notion est difficile dans les faits à établir en raison de la montée des investisseurs institutionnels et des fonds de pension. Leur comportement diffère de ceux des familles qui détiennent une part significative ou majoritaire du capital d'une entreprise.

1. Le cas d'un actionnariat groupé et familial

Ces familles peuvent *a priori* être considérées comme les actionnaires les plus stables. Elles ont ouvert le capital de leur entreprise pour se procurer des capitaux supplémentaires sans pour autant perdre le contrôle des entreprises qu'elles ont fondées ou dont elles continuent à assurer, directement ou indirectement, la direction. Ces entreprises peuvent aussi bien être des petites et moyennes entreprises que des grands groupes.

La place de Paris illustre, à cet égard, l'importance de ce capitalisme familial, y compris pour des entreprises multinationales.

2. Le cas d'un actionnariat dispersé

Inversement, le cas des entreprises à l'actionnariat très dispersé, sans actionnaire prépondérant en termes de participation au capital, disposant de quelques actionnaires de référence possédant une fraction limitée du capital, est passablement différent. La stabilité de l'actionnariat de ces grandes entreprises est tributaire des décisions d'investissement des gestionnaires des grands fonds internationaux de placement.

Insuffisances et faiblesses

La part de la capitalisation de la place de Paris détenue par les investisseurs étrangers, en particulier les fonds de pension anglo-saxons, illustre à la fois l'insuffisance de l'épargne nationale désireuse de s'investir dans les grandes entreprises françaises et la faiblesse des investisseurs institutionnels nationaux. Le refus des fonds de pension en France a permis aux fonds de pension étrangers de s'implanter massivement sur la place de Paris et d'y instiller progressivement leurs méthodes de gestion.

D – Prendre en compte les perceptions subjectives

Les méthodes de gestion quantitatives visent à fonder la décision d'investissement des investisseurs sur la base de paramètres statistiques qui, théoriquement, éliminent ce biais dans la prise de décision. Mais, la perception subjective est essentielle pour les gestionnaires qui choisissent les actions *(stock-picking)* en fonction de leurs perspectives de rentabilité.

Le poids des considérations subjectives peut devenir dans certains cas prépondérant, en particulier pour les petites et moyennes capitalisations. En conséquence, les entreprises cotées doivent mener une politique marketing à destination des actionnaires et surtout des prescripteurs à l'achat des titres, à savoir les analystes financiers.

E – Tenir compte de la taille du marché boursier considéré

Sans un marché suffisamment large, il est illusoire de penser créer une place financière compétitive.

La force de la City

La force de la City londonienne tient autant à la position acquise en matière de négoce des valeurs mobilières qu'à la puissance des intérêts qui y sont représentés. Cette puissance a été bâtie au cours du XIXe siècle et était alors tributaire de l'impérialisme commercial et financier de l'empire britannique. En revanche, cette puissance est sans rapport direct avec le poids de l'économie britannique actuelle dans l'économie mondiale.

Néanmoins, il est indispensable qu'une Bourse offre un nombre suffisamment important de titres représentatifs des principaux secteurs économiques (en particulier des entreprises représentatives des secteurs de l'électricité, du pétrole et des nouvelles technologies de l'information et de la communication). C'est la raison pour laquelle les marchés européens continentaux rencontrent des difficultés pour rivaliser avec la City de Londres. L'offre de titres est souvent incomplète et les marchés ne sont pas assez liquides et profonds.

3. Comment évaluer des titres ou des droits non cotés

Les entreprises cotées ont l'immense avantage de fournir un indicateur qui à tout moment évalue leur valeur (prix de l'action). Lorsque les sociétés ne sont pas cotées, il est néanmoins nécessaire de pouvoir procéder à leur évaluation. Les indicateurs synthétiques *(rating, scoring)* ne sont, en effet, que des prédicteurs de leur solvabilité.

3.1 L'évaluation des entreprises non cotées

Les méthodes utilisées pour évaluer une entreprise non cotée sont plurielles. Elles ne permettent pas de calculer des résultats intrinsèquement cohérents, mais elles constituent des bases indispensables à partir desquelles les discussions peuvent s'engager. Il va de soi que les finalités de l'évaluation (ouverture du capital à des tiers, voire introduction en Bourse, poursuite de l'activité, démantèlement et intégration dans un groupe) et son contexte (rapports de force entre les différentes parties prenantes à la négociation) influencent fortement le déroulement du processus de valorisation.

L'existence de références et de normes extérieures permet de fournir des cadres de référence à l'évaluation (marché des fonds de commerce, exemples de cessions comparables dans la même branche d'activités).

Par ailleurs, les approches strictement comptables doivent être complétées par celles prenant en compte l'ensemble des éléments non directement financiers (qualité des systèmes et des méthodes de gestion, qualité des personnels, spécificité des relations avec l'environnement institutionnel et bancaire, ensemble des relations liant l'entreprise avec ses clients et ses fournisseurs, avantages comparatifs distinctifs) qui doivent être intégrés dans la valeur du fonds de commerce (ou *goodwill*, ou survaleur par référence à la différence entre la valeur comptable des actifs et des passifs d'une part, et la valeur d'acquisition d'autre part, différence constatée lors des opérations de consolidation des comptes).

A – *Évaluer l'entreprise à partir des valeurs corporelles et incorporelles qui composent son patrimoine*

Initialement, la notion de « fonds de commerce » comprenait principalement deux éléments, la notoriété et la clientèle. Pour les commerces de détail, il est estimé à partir d'un certain pourcentage du chiffre d'affaires. La valeur d'une entreprise est, par conséquent, égale à la somme des valeurs corporelles et des valeurs incorporelles qui composent son patrimoine.

1. La valorisation fondée sur la valeur patrimoniale

La valorisation fondée sur la valeur patrimoniale de l'ensemble des éléments constituant l'actif net (actifs – dettes) suppose un recensement exhaustif de celui-ci faisant apparaître les écarts entre leur valeur comptable et leur valeur économique. Ces corrections sont essentielles pour valoriser au mieux une entreprise.

En effet, tout actif peut être valorisé sur la base de :

- sa valeur d'origine (ou valeur historique),
- sa valeur de remplacement (ou valeur de renouvellement),
- sa valeur de cession (celle qu'un acquéreur est disposé à payer pour acquérir ce bien),
- sa valeur d'usage.

2. La valorisation fondée sur la valeur de son outil de travail

Une entreprise peut être également évaluée sur la base de la valeur de son outil de travail, le montant qui est strictement nécessaire à la poursuite de son activité, auquel se rajoute le montant des capitaux permanents nécessaires au financement du besoin en fonds de roulement d'exploitation.

B – Évaluer l'entreprise à partir des valeurs incorporelles qui composent son patrimoine

La valorisation fondée sur la rentabilité de l'entreprise réside dans l'application des formules traditionnelles d'actualisation. La valeur d'une entreprise est alors égale à la somme des bénéfices futurs actualisés ou à la somme des dividendes futurs actualisés.

■ Si les dividendes demeurent stables à l'avenir, alors la valeur de l'entreprise tend vers la limite de cette somme (le rapport du dividende divisé par le taux d'actualisation) ;

■ Si les dividendes sont appelés à croître, le modèle de GORDON-SHAPIRO s'applique.

Dans la pratique, les évaluateurs auront tendance à capitaliser les bénéfices constatés dans les dernières années.

Attention

L'extrapolation de ces résultats à l'avenir est d'autant plus problématique que leur volatilité historique est forte et que la taille de l'entreprise est petite. Il va de soi que les résultats passés doivent être lissés, autrement dit tenir compte de leur récurrence (élimination des bénéfices exceptionnels) et du niveau de rémunération des dirigeants.

La prise en considération de la capacité d'autofinancement récurrente est souvent plus pertinente. Quant au taux d'actualisation, il devrait être égal au coût des capitaux utilisés par l'entreprise.

C – Arbitrer entre la valeur patrimoniale et la valeur de rendement n'est pas satisfaisant

1. Le théorème de MILLER-MODIGLIANI

L'arbitrage entre la valeur patrimoniale et la valeur de rendement a été résolu de manière radicale par le théorème de MILLER-MODIGLIANI.

Celui-ci postule que la valeur d'une entreprise est indépendante de sa structure de financement (capitaux propres ou endettement), autrement dit que la valeur de rendement l'emporte sur la valeur patrimoniale : la pertinence des choix d'investissement fonde la valeur d'une entreprise, indépendamment de leur mode de financement.

Cette assertion, à savoir que la valeur d'une entreprise est indépendante de son taux d'endettement, équivaut à admettre que le coût moyen pondéré du capital est constant, quel que soit le taux d'endettement.

2. La réalité économique

Mais, comme les hypothèses sous-tendant cette théorie ne sont pas vérifiées dans le monde économique réel, la valeur d'une entreprise ne peut pas faire abstraction de son niveau d'endettement. L'effet de levier implique qu'il existe un niveau d'endettement maximisant la rentabilité des fonds propres, mais en respectant une contrainte d'optimisation (la limite de l'endettement admissible par les investisseurs, les banquiers et autres bailleurs de fonds).

Par ailleurs, le coût de l'endettement croît en fonction du niveau relatif de l'endettement (la prime de risque, donc l'écart entre le taux d'intérêt appliqué à l'entreprise et le taux d'intérêt sans risque pour une même échéance, à savoir le « spread », est assimilable à une prime d'assurance couvrant le risque en capital que l'emprunteur fait courir au prêteur).

L'impossible synthèse entre valeurs patrimoniales et valeurs de rendement

Les expressions mixtes de la valeur tiennent simultanément compte des valeurs patrimoniales ou de rendement. Elles sont très nombreuses, mais aucune n'est intellectuellement et professionnellement satisfaisante. Toutes ces estimations ne peuvent servir que de base aux négociations entre acquéreurs et cessionnaires de titres.

D – Calculer une moyenne pondérée entre la valeur patrimoniale et la valeur de rendement

La solution la plus simple consiste à calculer une moyenne pondérée de la valeur patrimoniale et de la valeur de rendement.

Le coefficient k mesure la part de la valeur attribuable au présent (valeur patrimoniale) et son complément à 1 (1 – k) mesure la part de la valeur attribuable à l'avenir (valeur de rendement). Le coefficient k est, bien entendu, compris entre 0 et 1.

Cette expression implique surtout qu'en matière d'évaluation d'entreprise, le tout n'est pas égal à la somme des parties. De surcroît, si les composantes de son patrimoine devaient faire l'objet d'une cession individuelle, ils supporteraient une charge fiscale (impôt sur les plus-values) qui amoindrirait leur valeur résiduelle.

$$\text{Valeur de l'entreprise} = \textit{Goodwill} + \text{Vpatrimoniale}$$
$$\text{Valeur de l'entreprise} = k \, . \, \text{Vpatrimoniale} + (1 - k) \, . \, \text{Vrendement}$$
$$(\text{avec } 0 < k < 1)$$

1. La méthode allemande ou méthode indirecte

Selon la méthode des praticiens, la valeur de l'entreprise est égale à la valeur moyenne des valeurs patrimoniale et de rendement, les deux comptant pour le même poids (50 %).

Mais la question la plus cruciale est celle qui se rapporte à l'écart entre la valeur patrimoniale et la valeur de rendement. Si l'on considère que la survaleur (ou *goodwill*, ou fonds de commerce) est égale à l'écart entre la valeur de l'entreprise et la valeur patrimoniale, alors sa quantification devient possible.

En retenant la méthode des praticiens, le *goodwill* est égal à :

$$\text{G.W.} = \text{V.E.} - \text{Vpatrimoniale}$$
$$= (\text{Vpatrimoniale} + \text{Vrendement})/2 - \text{Vpatrimoniale}$$

$$\textit{Goodwill} = (\text{Vrendement} - \text{Vpatrimoniale})/2$$

Le *goodwill* peut être négatif et devenir un *badwill*, auquel cas la valeur patrimoniale devrait être révisée à la baisse, ou du moins suscitée des interrogations légitimes.

2. La méthode anglo-saxonne ou méthode directe

Elle propose une autre valorisation du *goodwill*. Il est égal à la capitalisation d'une rente correspondant à la différence entre le résultat observé et la rémunération normale du patrimoine de l'entreprise (i désignant le taux d'intérêt à long terme pour cette catégorie d'entreprises et r désignant le taux d'actualisation).

$$Goodwill = (\text{Résultat} - \text{Vpatrimoniale} . i)/r$$

La méthode de la rente du *goodwill* calcule la somme actualisée de cette suite d'annuités futures de rente. La valeur du *goodwill* est égale à :

$$Goodwill = \sum_{j=1}^{n} (\text{Résultat} - \text{Vpatrimoniale} . i) . (1 + r)^{-j}$$

Si n tend vers l'infini, alors on retrouve la formule de capitalisation à l'infini :

$$Goodwill = (\text{Résultat} - \text{Vpatrimoniale} . i)/r$$

Le *goodwill* doit être rajouté à la valeur de l'actif net pour calculer la valeur de l'entreprise. S'il est négatif (*badwill*), il doit être soustrait, car sa rentabilité est inférieure au simple rendement des éléments d'actifs qui constituent son patrimoine. La légitimité de cette forme de raisonnement suppose que le super-profit de rente (ou la super-perte) se perpétue dans l'avenir pendant une période de temps significative.

Trait commun

Par analogie avec les entreprises cotées en Bourse, une entreprise non cotée peut être également évaluée sur la base de multiples du bénéficie net (P.E.R.), de l'E.B.I.T., de l'E.B.I.T.D.A., voire du chiffre d'affaires. L'application de cette méthode toutefois dépend de la conjoncture boursière.

E – *Préférer évaluer l'entreprise grâce à la notion de « free cash flow »*

En réalité, il faut revenir vers les apports théoriques du tableau pluriannuel des flux financiers pour fournir une théorie plus pertinente de la valorisation des entreprises.

Une entreprise est supposée se caractériser par les flux futurs de cash flows qu'elle va générer. Or une entreprise ne peut continuer son activité que si elle procède aux investissements indispensables pour maintenir sa compétitivité et s'adapter aux évolutions technologiques.

Ces investissements se distinguent de ceux de diversification et de ceux assimilables à des placements financiers, autrement dit ceux qui ne sont pas nécessaires au maintien de la compétitivité de ses métiers de base (investissements de seconde catégorie).

Si l'on déduit des cash flows futurs les investissements de première catégorie, il reste un solde dénommé *free cash flow* qui, une fois capitalisé, indique la véritable valeur de l'entreprise, la rente résiduelle que son activité procure à ses propriétaires.

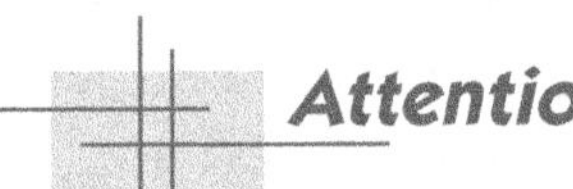

Attention

Il est évident que sa détermination est délicate et suppose un examen très approfondi non seulement de la structure de son compte de résultat, mais surtout de ses actifs et de leur mode de financement.

En effet, une entreprise économiquement saine doit être en mesure d'autofinancer les investissements de première catégorie, ceux de seconde catégorie pouvant être financés par des capitaux apportés par des bailleurs de fonds extérieurs (actionnaires, banques).

Le taux de capitalisation des *free cash flows* dépend, par ailleurs, de la classe de risques à laquelle l'entreprise appartient.

$$\text{Valeur de l'entreprise} = \text{Cash flow libre / Taux d'actualisation à long terme pour actifs risqués}$$

3.2 L'évaluation des entreprises soumises à des augmentations de capital

La valorisation des entreprises se pose de manière systématique lors de l'ouverture du capital social à des tiers. Lorsque l'entreprise est cotée, la valeur des titres émis est facilement calculable.

Les droits prioritaires de souscription (D.P.S.) permettent de rendre compte de la valeur de l'entreprise qui résulte des apports en numéraire de ses nouveaux actionnaires.

La valeur de l'entreprise est égale à sa capitalisation boursière :
$V = C$ (cours de l'action) . N (nombre d'actions)

La valeur des apports est égale au nombre d'actions nouvellement créées par leur prix d'émission :
$Va = c$ (prix d'émission) . n (nombre d'actions nouvelles créées)

La valeur de l'action après l'augmentation de capital est égal à :
$(V + Va) / (N + n) = [(C . N) + (c . n)] / (N + n)$

Le DPS vise à compenser la perte de valeur de l'action ancienne consécutivement à l'augmentation de capital : il est nul si l'émission se fait à parité de cours.

$$\text{Droit Prioritaire de Souscription}$$
$$= C - [(C . N) + (c . n)] / (N + n) = n . (C - c) / (N + n)$$

L'augmentation de capital par incorporation de réserves donnant lieu à une distribution d'actions gratuites implique qu'un droit d'attribution (D.A.) soit attaché à chaque action ancienne.

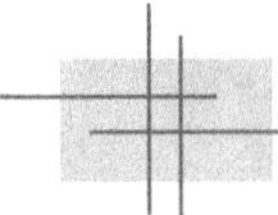

Précision

A la différence des opérations d'augmentation de capital avec apports extérieurs de la part des nouveaux actionnaires, cette opération ne modifie pas la valeur de l'entreprise.

$$\text{Droit d'Attribution}$$
$$= C - C \cdot N / (N + n) = C \cdot [1 - N / (N + n)]$$

A – Prendre en compte les effets d'une augmentation de capital sur les résultats de l'entreprise

L'augmentation de capital provoque une dilution des résultats, puisque le nombre d'actions a augmenté, alors que rien ne garantit qu'à la suite de celle-ci le bénéfice net augmente dans des proportions similaires. Afin de maximiser le bénéfice par action, il est plus simple de réduire le nombre d'actions en circulation. C'est la raison pour laquelle quelques entreprises ont mis en application des programmes de rachat et d'annulation des actions précédemment émises. L'effet relutif est l'inverse de l'effet dilutif.

B – Prendre en compte un cours moyen de l'action avant l'opération de capital

Par ailleurs, la notion de « cours » de l'action avant l'opération de capital est problématique.

En effet, celui-ci peut intégrer l'information selon laquelle il va être procédé à une augmentation de capital. Certes, les cotations doivent être temporairement suspendues. Mais, en général, pour ce type d'opération, le cours pris en considération est représentatif des cotations constatées sur une période plus ou moins longue, antérieurement à la date à laquelle l'augmentation de capital est annoncée (moyenne des cours à la clôture des séances boursières des trois derniers mois, par exemple).

Encore faut-il que le cours boursier soit représentatif d'un nombre d'ordres d'achat et de vente suffisamment important, de faible montant unitaire (pour ne pas déstabiliser le marché) et initiés par des intervenants professionnels (conditions parfois difficiles à réunir pour les petites et moyennes capitalisations). Pas plus les anciens actionnaires que les nouveaux actionnaires ne peuvent accepter la valorisation d'une entreprise prise dans sa globalité à un cours constaté sur la base d'une transaction portant sur un nombre marginal d'actions (et donc valorisé à un prix marginal).

Il est plus conforme aux intérêts des deux parties de valoriser une entreprise sur la base d'un cours moyen, et non sur la base d'un cours marginal, compte tenu de ses composantes aléatoires et accidentelles.

Le primat du cours moyen sur le cours marginal

Cette considération revêt une importance cruciale pour les opérations qui modifient radicalement la structure de l'actionnariat de l'entreprise, comme la nationalisation et la privatisation d'une entreprise, et surtout pour la fixation de la parité d'échange dans le cadre des offres publiques d'échange.

4. Les paradoxes des approches les plus récentes

Il a déjà été souligné les limites des méthodes traditionnelles de valorisation des actions, qu'il s'agisse des méthodes actuarielles, du modèle d'évaluation des actifs financiers ou des approches multifactorielles. Pas plus le bêta pour les actions que la duration pour les obligations ne peuvent rendre compte de l'ensemble des risques dont leurs titres sont porteurs.

Les approches les plus récentes distinguent, de manière pragmatique, les valeurs de revenu (générant des dividendes élevés et stables) des valeurs de croissance (supposés générer des plus-values).

En conséquence, un gestionnaire adoptant un style « value » recherchera la rentabilité de ses placements grâce aux dividendes versés, tandis qu'un style « growth » favorisera la recherche des plus-values sur titres, et donc les valeurs dont la croissance des bénéfices est supérieure au taux de rendement du marché. En quelque sorte, les analyses statistiques les plus avancées redécouvrent l'opposition traditionnelle entre valeurs de rendement et valeurs spéculatives.

Il est inutile de rappeler les niveaux boursiers atteints par les fameuses « start-up » emblèmes de la défunte « nouvelle économie ». Il convient toutefois de rappeler qu'il n'existe pas de modèle véritablement robuste permettant de valoriser les actions dont les entreprises sont supposées enregistrer une forte croissance anticipée de leur rentabilité.

Une logique de pari

La diffusion massive de technologies innovantes suscite l'apparition de nouvelles entreprises dont la rentabilité prévisionnelle est difficile à évaluer. Tant que les potentialités des nouvelles technologies ne sont pas clairement établies, les modèles économiques sous-jacents ne sont pas stabilisés. En conséquence, les anticipations relatives à la rentabilité prévisionnelle des entreprises dont l'activité se concentre sur

> ces nouveaux secteurs ne peuvent acquérir la crédibilité minimale requise que lorsqu'ils parviennent à un certain niveau d'équilibre.
>
> Investir dans des entreprises développant des technologies innovantes pour lesquelles le marché effectif est simplement potentiel relève de la logique du pari. Les analystes financiers, en particulier, ne disposent pas d'indicateurs de référence incontestables permettant de valoriser cette catégorie d'actions.

Enfin, la dualité des approches relatives à la valorisation des actions demeure une question fondamentale.

- Une action représente un droit de créance sur le patrimoine net d'une entreprise. Sa valorisation procède d'une logique comptable ;
- Une action représente également un droit à percevoir les dividendes générés par l'exploitation des actifs qui sont la propriété de l'entreprise. Sa valorisation procède d'une logique actuarielle.

S'il peut exister des périodes de déséquilibre pendant lesquelles la valeur comptable diffère de la valeur actuarielle, elles sont nécessairement transitoires et les deux valeurs doivent converger à terme.

Les fonds propres d'une entreprise, calculés après les retraitements comptables nécessaires, ne peuvent pas diverger à long terme de sa capitalisation boursière, autrement dit de la valeur de l'entreprise résultant des flux financiers qu'elle génère.

Le ratio entre valeur boursière et valeur comptable d'une firme (c'est-à-dire sa valeur patrimoniale, et donc sa valeur de remplacement) est appelé « q de Tobin », du nom de l'économiste JAMES TOBIN (« A general equilibrium approach to monetary theory »,

Journal of Money, Credit and Banking, février 1969). L'examen des variations de ce ratio permet, entre autres, d'identifier la formation des bulles spéculatives :

- Si ce ratio est inférieur à 1, il est préférable d'acquérir une entreprise existante que d'en créer une nouvelle, car le coût du capital est trop élevé ;

- Dans le cas contraire, l'investissement industriel est préférable à l'investissement boursier.

La chute des cours boursiers depuis la résorption de la bulle financière a provoqué une diminution rapide de ce ratio. Néanmoins, il n'existe pas de relation simple entre l'investissement industriel et l'investissement financier :

- L'investissement industriel répond à une logique technologique et commerciale. Il peut être différé, mais non annulé, si l'entreprise veut conserver ses parts de marchés et donc sa compétitivité.

- La rentabilité financière future des investissements est toujours incertaine, ne serait-ce qu'en raison de l'évaluation toujours aléatoire des marchés potentiels ou du caractère irréversible de la plupart des projets d'investissements (et donc de l'existence de coûts perdus, les *sunk costs*).

En revanche, la période à laquelle l'investissement est effectivement réalisé dépend de plusieurs paramètres, dont son mode de financement. Le cycle de l'investissement est lié à l'ajustement de l'endettement au niveau demandé par les marchés financiers ou au niveau souhaité par la direction, ainsi qu'au redressement de la rentabilité de l'entreprise. Le niveau des cours boursiers n'exerce, dans ce cas, qu'une influence de second ordre sur les décisions en matière d'investissement industriel et commercial.

À retenir

✔ La question de la valorisation des actions est extrêmement complexe, comme en attestent les développements précédents. A la différence des titres de créance rémunérés par un taux d'intérêt, il n'est pas possible d'exprimer la valeur d'une action sous une forme simple. Les modèles actuariels sont insatisfaisants et les modèles économétriques ne sont pas stables dans le temps. De surcroît, la formation temporaire de bulles spéculatives, rationnelles ou non, contribue grandement à invalider les modèles classiques de valorisation des actions.

✔ Le recours à des théories économiques annexes (théorie de l'information, théorie des anticipations) et à des disciplines auxiliaires (sociologie et psychologie) témoigne de l'insuffisance des concepts classiques pour rendre compte en profondeur du fonctionnement des marchés financiers. En fait, il n'existe pas de synthèse satisfaisante permettant d'expliquer simultanément la double nature d'une action, à savoir sa valeur patrimoniale et sa valeur de rendement.

 Par ailleurs, l'évolution des cours des actions ne dépend pas seulement de facteurs microéconomiques, mais est surdéterminée par des facteurs macroéconomiques. Les interrelations entre la sphère de l'économie réelle et celle de l'économie financière sont complexes. Les relations entre les cycles conjoncturels, les cycles d'investissement, la structure des bilans des entreprises et les variations des cours des actions ne sont pas réductibles à des déterminismes unidirectionnels, mais doivent prendre en compte des interdépendances et des rétroactions qui invalident toute représentation simple des marchés financiers.

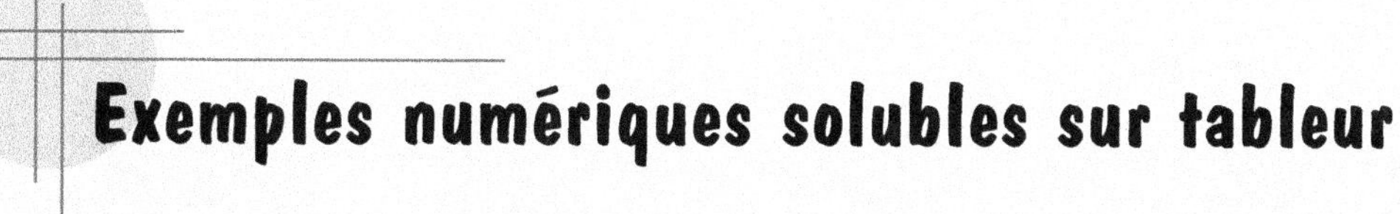

Exemples numériques solubles sur tableur

Cas N° 3 : La variation des cours des actions en fonction des taux d'intérêt

Un des principes fondamentaux de la valorisation des titres réside dans le fait que leur cours varie de manière inverse aux taux d'intérêt. Cette relation est mesurée par la sensibilité pour les titres obligataires. La formule valorisant le cours des actions en fonction du taux d'intérêt rend également compte de cette relation si on applique la formule de Gordon Shapiro.

$$(d\,Co\,/\,di) = -\,D_1 \, . \, (i - g)^{-2} \quad \text{Donc} \quad (d\,Co/di) < 0 \quad (\text{avec } i > g)$$

Plus le taux d'intérêt est élevé, plus le cours d'une action est bas.

La variation des cours des actions en fonction de l'évolution du taux de rentabilité exigé est illustrée par la formule de Bates. En faisant l'hypothèse que le cours initial est de 100, le taux de distribution des bénéfices de 50 %, le taux de croissance des bénéfices de 3 %, le bénéfice initial de 10 et la durée de 10 ans, le tableau suivant contient les cours des actions en fonction des taux de rendement interne.

Taux d'intérêt	Cours de l'action	Taux d'intérêt	Cours de l'action
3,05 %	69,66	7,00 %	118,81
3,25 %	71,73	7,50 %	126,42
3,50 %	74,38	8,00 %	134,39

3,75 %	77,09	8,50 %	142,73
4,00 %	79,86	9,00 %	151,45
4,50 %	85,61	9,50 %	160,57
5,00 %	91,64	10,00 %	170,10
5,50 %	97,97	20,00 %	476,59
6,00 %	104,60	25,00 %	750,20
6,50 %	111,54	30,00 %	1 148,18

Le cours est une fonction décroissante du taux de distribution, une fonction décroissante du taux de croissance des bénéfices et une fonction décroissante de la durée. Mais il est une fonction croissante du taux de rendement, ce qui constitue un résultat pour le moins paradoxal.

Si on utilise la formule du délai de recouvrement, alors le cours s'exprime en fonction du bénéfice par action, de la durée du placement et du taux de croissance des bénéfices. Si le taux de croissance des bénéfices est de 3 % et la durée de 10 ans, le tableau suivant contient les P.E.R. en fonction des taux de rendement interne.

Taux d'intérêt	P.E.R.	Taux d'intérêt	P.E.R.
3,05 %	9,98	7,00 %	8,47
3,25 %	9,89	7,50 %	8,31
3,50 %	9,79	8,00 %	8,15
3,75 %	9,68	8,50 %	8,00
4,00 %	9,58	9,00 %	7,85
4,50 %	9,38	9,50 %	7,71
5,00 %	9,18	10,00 %	7,57
5,50 %	9,00	20,00 %	5,53
6,00 %	8,82	25,00 %	4,86
6,50 %	8,64	30,00 %	4,35

Le P.E.R. est une fonction décroissante du taux de rendement interne.

Si l'on exprime le P.E.R. à partir de la formule dérivée du modèle de Gordon Shapiro [P.E.R. = d / (i – g)], alors le P.E.R. est également une fonction décroissante du taux de rendement interne.

Taux d'intérêt	P.E.R.	Taux d'intérêt	P.E.R.
3,05 %	1 000,00	7,00 %	12,50
3,25 %	200,00	7,50 %	11,11
3,50 %	100,00	8,00 %	10,00
3,75 %	66,67	8,50 %	9,09
4,00 %	50,00	9,00 %	8,33
4,50 %	33,33	9,50 %	7,69
5,00 %	25,00	10,00 %	7,14
5,50 %	20,00	20,00 %	2,94
6,00 %	16,67	25,00 %	2,27
6,50 %	14,29	30,00 %	1,85

Les conclusions de ces rapides simulations montrent l'incohérence des résultats fournis par ces différentes formules. Le modèle de Gordon Shapiro est inutilisable pour les valeurs extrêmes des taux d'intérêt. Par ailleurs, pour un même taux de croissance des bénéfices, les résultats des P.E.R. calculés en fonction des taux d'intérêt selon les méthodes proposées par le modèle de Holt et le modèle de Gordon Shapiro sont dissemblables. Enfin, selon le modèle de Bates, le cours est une fonction croissante du taux d'intérêt. Ces exemples montrent le caractère peu opérationnel des modèles actuariels d'évaluation des actions.

Cas N° 4 : L'évaluation d'une entreprise non cotée

Évaluer l'entreprise du cas n° 1 sur la base des données communiquées est une parfaite imposture. En effet, il convient de procéder à un audit approfondi des comptes afin d'évaluer sa valeur patrimoniale. Quant à sa valeur de rendement, elle ne peut être estimée qu'en considérant la séquence de ses résultats futurs, ce qui suppose de réaliser une étude prospective et contradictoire de sa rentabilité prévisionnelle.

Les valeurs patrimoniales sont calculées à partir des bilans (les provisions réglementées sont intégrées à hauteur de 60 % dans l'actif net pour tenir compte de leur taxation à 40 % lors de leur réintégration dans le compte de résultat).

Valorisation de l'entreprise	États financiers initiaux	États financiers retraités
Valeur patrimoniale	3 735 735	4 743 193
Dernier résultat	-58 645	53 813
Capitalisation à l'infini à un taux de 10 %	-	538 130

La valeur patrimoniale et la valeur de rendement sont trop différentes, pour que les méthodes traditionnelles d'évaluation puissent trouver un terrain d'application. La valeur de rendement est très inférieure à la valeur patrimoniale.

Par ailleurs, la valeur de l'entreprise, une fois la restructuration opérée, risque de différer fortement de ses anciennes valeurs patrimoniales ou de rendement.

En cas de badwill, il est nécessaire d'avoir recours à des approches comparatives (valeurs d'entreprises cédées dans un secteur similaire) pour disposer d'indicateurs permettant de valoriser une entreprise déficitaire ou faiblement rentable. Toutefois, il existe d'autres modes de rémunération des anciens propriétaires de l'entreprise (comme le paiement annuel de redevances de gestion ou une position de conseil auprès de la nouvelle direction).

Chapitre 5

Comprendre les dynamiques économiques et financières sur la longue durée

Contraria contrariis curantur
Les contraires se guérissent par les contraires
(Adage de la médecine latine)

Il n'est pas possible de réfléchir à la gestion d'actifs sans se référer aux événements récemment survenus sur les marchés financiers. Dans un contexte de taux d'intérêt maintenus à un niveau très bas pour permettre à certains organismes financiers de se refinancer dans des conditions avantageuses pour effacer les pertes consécutives à la faillite de fonds de gestion spéculatifs, les marchés des actions ont connu une très forte croissance pendant la seconde moitié de la décennie 90, puis une décrue beaucoup plus rapide au début de la décennie 2000.

Toutefois, il s'agit davantage d'un krach rampant que d'un krach caractérisé par les variations de forte ampleur de cours qui avaient caractérisé certaines séances des Bourses d'actions le 24 octobre 1929 ou le 19 octobre 1987. Il n'a pas été fait mention de véritables phénomènes de panique lors de la résorption de la bulle spéculative née de la diffusion de la technologie de l'Internet dans les économies et des sociétés des pays développés.

1. Un bref rappel historique

Il est inutile de rappeler combien les crises financières ont eu une importance dans l'histoire de l'humanité, en particulier au XXe siècle.

1.1 Le crise institutionnelle et le krach boursier de 1929

Selon MILTON FRIEDMANN, l'origine de la crise de 1929 est purement institutionnelle. En 1928, le siège du Federal Reserve Board, banque centrale et organisme régulateur des marchés financiers, a été déplacé de New York à Washington. Sa direction fut confiée à un homme politique ignorant de la réalité du fonctionnement des marchés boursiers, et non à un professionnel des marchés financiers. C'est la raison pour laquelle le comité directeur du Federal Reserve Board s'avéra totalement incapable de prendre les mesures adéquates pour contrer l'effondrement des cours boursiers après une décennie de trop forte croissance des cours.

L'origine de la crise de 1929 résulterait en premier lieu d'une politique très restrictive du crédit, alors qu'il aurait fallu mener une politique monétaire contracyclique très expansive, afin de permettre aux établissements financiers de compenser les pertes provoquées par les moins-values sur titres par des apports en capitaux empruntés, voire par de la création monétaire pure.

En 1998, une tout autre politique monétaire

La politique menée par le Federal Reserve Board lors de la faillite en 1998 du fonds spéculatif L.T.C.M. (*Long Term Capital Management*) fut totalement opposée, puisque les taux d'intérêt ont été fixés durablement au niveau historiquement le plus bas depuis un demi-siècle. Cette politique monétaire très accommodante peut être interprétée comme l'une des causes de la formation de la bulle boursière sur le marché des actions.

1.2 La faillite bancaire du Japon

La banque centrale japonaise mène une politique monétaire très accommodante depuis une décennie pour faciliter le sauvetage du système bancaire du Japon.

Le coût des ressources monétaires a été maintenu à un niveau quasiment nul mais, il est vrai, dans une économie menacée par la déflation, c'est-à-dire par la baisse du niveau général des prix à la consommation. Le ratio « créances bancaires irrécouvrables/P.I.B. » mesure le degré de solvabilité effective du secteur bancaire et de ses démembrements plus ou moins artificiels (c'est-à-dire les structures de cantonnement recueillant les crédits non performants). Ce taux a dépassé 30 % à l'apogée de la crise du système bancaire japonais.

Une partie des crédits bancaires gagés sur des actifs immobiliers et mobiliers valorisés de manière transitoirement excessive en raison de la constitution de bulles spéculatives foncières, immobilières et mobilières au cours de la décennie 80 s'est révélée brutalement dénuée de valeur, suite à la baisse des prix de leurs collatéraux. L'origine de cette bulle spéculative, concernant aussi bien le marché des actions que celui des actifs immobiliers et fonciers, est l'afflux de capitaux consécutif à la revalorisation du yen au cours de la seconde moitié de la décennie 80 *(endaka)*.

La politique monétaire très accommodante qui a été mise en œuvre par la suite avait pour finalité de procurer des ressources à coût quasi nul au système bancaire japonais, ces ressources étant investies dans des titres d'État émis en abondance en raison du déficit des finances publiques japonaises.

En revanche, la décennie 90 a été caractérisée par un rationnement des crédits aux entreprises, ce qui explique, pour partie, l'atonie de la croissance japonaise pendant cette période. L'attitude des banques japonaises contraste fortement avec le laxisme qui avait prévalu pendant la décennie précédente.

1.3 Hypothèses sur la formation des bulles spéculatives

Il est opportun de remarquer que, dans les deux cas, la formation de bulles spéculatives est concomitante d'un afflux de liquidités dans l'économie. Celui-ci n'est pas neutralisé par la constitution de fonds de réserves annulant ses effets sur le niveau général des prix. Ainsi, au début des années 70, la hausse des cours de l'or a accru massivement la valeur du stock d'or détenu par les banques centrales. Celle-ci fut neutralisée comptablement et ne donna lieu à aucune création monétaire supplémentaire.

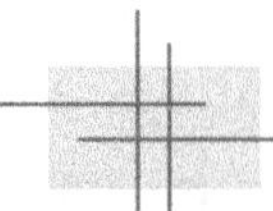

Autre pays, même optique

Dans la même optique, le gouvernement norvégien a constitué un fonds de réserve (qui devrait atteindre 100 % du P.N.B. à l'horizon 2010) pour limiter les conséquences d'un afflux massif de liquidités sur une économie, certes prospère, mais de taille réduite, et qui bénéficie d'une rente pétrolière nécessairement transitoire.

Afin d'expliquer la formation de bulles financières spéculatives (c'est-à-dire ne résultant pas d'un déséquilibre structurel entre la demande et l'offre des actifs), l'hypothèse suivante peut être formulée.

Dans des économies dans lesquelles la hausse des prix à la consommation est étroitement contrôlée par la banque centrale, un afflux soudain de liquidités ne peut pas provoquer une hausse générale des prix des biens et services. Ces liquidités sont investies dans les marchés d'actifs et la hausse des marchés des actions ou des actifs immobiliers ou fonciers est un substitut temporaire à la hausse des prix à la consommation. Toutefois, cette hausse est un processus passager, les prix des biens d'investissement devant tendre de nouveau vers des niveaux de valorisation cohérents avec les rendements financiers qu'ils procurent.

En conséquence, si l'on considère que les bulles financières sont des phénomènes d'origine principalement macroéconomique, les méthodes utilisées pour estimer la valeur des actifs doivent être considérées comme fiables, pour autant qu'elles le soient à des dates pendant lesquelles les niveaux de valorisation des actifs ne sont pas trop éloignés de leurs valeurs historiquement constatées sur longue période.

2. La modélisation permet-elle d'expliquer les mécanismes boursiers ?

La rentabilité certaine des placements est impossible à envisager à moyen et à long terme, puisque les taux d'intérêt fluctuent, et cela malgré les immunisations offertes par les marchés des produits dérivés.

2.1 L'axiome de la rémunération du risque

Le véritable risque financier réside dans la probabilité de ne pas obtenir la rentabilité espérée ou anticipée. Plus l'espérance de rendement financier est élevée, moins la probabilité de l'obtenir est forte. Ce principe correspond à un des axiomes de l'économie de marché, à savoir la rémunération du risque. Plus un placement est risqué, meilleures doivent être ses perspectives de gains.

Dans le cas contraire, tout investisseur préférerait placer ses fonds dans un placement sans risque, abusivement assimilé aux emprunts d'État.

Les États eux-mêmes incapables d'assurer le service de leurs dettes

L'histoire montre en effet que, régulièrement, les États ne sont plus en mesure d'assurer le service de leurs dettes. Les plus faibles se déclarent en cessation de paiements. Les plus forts annulent la valeur de leurs dettes en menant des politiques monétaires expansives qui génèrent une inflation qui déprécie la valeur interne et externe de leur monnaie.

A – Espérer une égalité des gains des différents placements est chimérique...

La question fondamentale est de savoir s'il existe une égalité des espérances de gain, autrement dit si, à long terme, tous les placements équivalent au placement sans risque.

La réponse établie de manière empirique est négative, puisque, à long terme, les placements en actions se sont avérés être plus rentables que les rentes (qu'il s'agisse des titres obligataires, des placements immobiliers ou des investissements en matières premières).

Cela traduit tout simplement le fait que la dynamique du développement réside dans le progrès technologique (autrement dit, la science appliquée à la résolution des problèmes civilisationnels), que les entreprises traduisent en gains financiers, si elles sont placées dans un environnement qui les incite à mener des stratégies fondées sur l'innovation.

Mais, plus la prise de risques est grande, plus la volatilité des rendements de l'investissement est forte, et moins la probabilité d'obtenir les gains espérés est élevée.

B – ... Mais le gestion active des portefeuilles d'investissements financiers est statistiquement justifiée...

La gestion active des portefeuilles d'investissements financiers est justifiée par des raisons statistiques. La plupart des modèles standards de gestion d'actifs repose sur une hypothèse fausse, à savoir que la distribution des rendements suivrait une loi normale.

Espérance de rentabilité et rentabilité effective

Les fluctuations des cours ne suivent pas une loi normale, contrairement aux assertions de la célèbre thèse de LOUIS BACHELIER soutenue en 1900, selon laquelle le hasard gaussien régirait les spéculations boursières. Les aléas boursiers sont de temps à autre hétérogènes et suivent parfois une loi stable (la distribution à queue étirée et à flancs maigres mise en évidence par VILFREDO PARETO et par PAUL LÉVY). Pendant de très longues périodes, la rentabilité effective d'un investissement diffère significativement de celle de l'espérance de sa rentabilité.

C'est en réalité le caractère anormal des distributions des rendements des différentes catégories d'actifs qui justifient l'existence des professions financières (gestionnaires des O.P.C.V.M., analystes financiers et autres experts).

Si les marchés étaient gouvernés par la logique du hasard, et donc s'ils étaient purs et parfaits, ils seraient inutiles. En conséquence, il est possible de diversifier un portefeuille de placements afin d'éliminer le risque spécifique propre à chaque titre en particulier, mais non d'annuler le risque systématique associé à chaque marché.

C – ... Ainsi que le recours aux intermédiaires financiers et à la gestion indicielle

Cela explique le succès actuel de la gestion indicielle. Les gérants s'engagent à garantir un rendement au moins égal au rendement moyen des actifs de référence. Il est vrai qu'il s'agit d'un comportement réactionnel consécutif aux moins-values enregistrées par la quasi-totalité des organismes collectifs de gestion de l'épargne, à la suite de la résorption des bulles spéculatives mobilières.

Plus fondamentalement, cette particularité statistique des marchés financiers légitime la gestion active des portefeuilles et donc l'existence des organismes de gestion des valeurs mobilières et des intermédiaires financiers.

2.2 Le modèle de la contagion mimétique des opérateurs

L'actualité boursière contemporaine fut d'une intensité exceptionnelle depuis une décennie. Le krach sur les marchés d'actions est sans équivalent dans l'histoire financière mondiale. Il est vrai que, si l'on substitue à la loi de LAPLACE-GAUSS la loi de LÉVY-PARETO pour modéliser les processus aléatoires que les cours boursiers suivent, rien n'est changé quant à l'imprévisibilité des événements. Mais le remplacement de la loi normale par la loi de LÉVY-PARETO constitue un enseignement précieux sur la dynamique du marché boursier. Les queues de distribution décrites par les lois de LÉVY-PARETO seraient la trace de phénomènes appelés « critiques auto-organisés » qui régiraient les comportements des opérateurs en interaction : les opérateurs en situation d'incertitude adopteraient des comportements mimétiques, ce qui conduirait à un processus cumulatif auto-réalisateur de baisses ou de hausses expliquant la formation des bulles spéculatives et la survenue des krachs.

D'autres présupposés pour d'autres modèles

Les modèles à anticipations rationnelles supposent que les individus prennent leurs décisions de façon autonome sans aucune interaction entre eux, de parfaits sujets kantiens cherchant à maximiser le rendement de leurs investissements.

Le comportement mimétique des opérateurs en période de fortes incertitudes aurait un fondement institutionnel. Ils seraient tenus également d'afficher des performances conformes au sens de l'évolution moyenne du marché. La sanction pour un intervenant est d'enregistrer des performances inférieures à l'évolution moyenne du marché, autrement dit d'être « battu par le marché ».

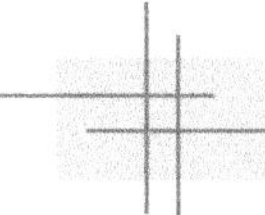

La contre-théorie de la rationalité dissidente

Cette théorie a bien entendu suscité sa contre-théorie tout aussi infalsifiable. Dans certains cas, il serait rationnel de prendre une position contraire au consensus du marché : la rationalité dissidente serait fondée sur un pari sur l'irrationalité générale des intervenants dominants.

Mais un individu doit adopter à long terme un comportement en phase avec les normes implicites de sa communauté d'appartenance et de référence. Dans le cas contraire, il en sera exclu. Les rationalités mimétiques s'expliquent également par la pression du conformisme social.

A – *La convergence des anticipations des opérateurs peut engendrer une crise financière*

Ce modèle de contagion mimétique conduit dans un premier temps à des anticipations autovalidantes ou imitatives (qui donnent naissance à des « états critiques auto-organisés »). Plus la contagion augmente, plus les vagues de panique se diffusent, plus le mimétisme croît et plus se resserre un mouvement de fond qui se résorbe dans un krach.

Une crise est due simplement à la convergence des anticipations, et non à un événement extérieur au marché comme l'annonce d'une information inattendue ou pouvant entraîner des conséquences économiques et financières de grande ampleur.

B – *Mais le principe de réalité finit par reprendre ses droits*

Après avoir atteint des zones paroxystiques d'incertitude, le marché finit par inverser sa folle logique d'exagération. Après un certain laps de temps, le principe de réalité reprend ses droits. Quand la bulle éclate, le saut résultant de l'écart entre la valeur réelle et la valeur anticipée est trop grand pour être calibré par la loi normale.

2.3 Les limites de la modélisation

La modélisation suggère de passer d'une conception des marchés fondée sur l'équilibre et la rationalité (conception issue de la physique classique), à une conception qui donnerait plus d'importance aux turbulences et à l'instabilité (conception dérivée de la physique des systèmes complexes modélisant les fluctuations des phénomènes décrites grâce aux relevés de données à haute fréquence).

Mais il n'existe pas de théorie validée statistiquement reliant les prix et les volumes de transactions. De plus, les séries chronologiques des prix sont étudiées sans référence à la profondeur et à la liquidité du marché (données cruciales pour la modélisation des bulles spéculatives). Quant aux filtres, ils sont instables et aucun automatisme ne peut vraiment remplacer l'intuition humaine.

Bulles spéculatives et automatisation des ordres de Bourse

Le rôle de l'automatisation des ordres de Bourse dans la formation des bulles spéculatives n'est pas aussi clair que les détracteurs ne le laissent entendre. Pourtant, après le krach boursier de 1987, les autorités de la Bourse de Wall Street avaient décidé d'imposer le débranchement des systèmes d'arbitrages informatisés automatiques en cas de trop fortes variations des cours.

A – Des progrès théoriques subordonnés à ceux de la modélisation en physique

D'un point de vue épistémologique, il n'existe aucune autonomie de la théorie financière. Les développements en matière de théorie des marchés financiers sont subordonnés aux progrès réalisés par les spécialistes en physique statistique et en modélisation des phénomènes physiques dynamiques. Les modèles développés pour les expliquer sont appliqués au domaine de la finance des marchés sans véritable possibilité d'interprétation explicative.

B – Plutôt des outils de modélisation que des modèles explicatifs

De fait, il ne s'agit pas véritablement de modèles explicatifs, permettant de mettre en évidence les causes des variations des prix des actifs cotés, mais d'outils de modélisation qui sont d'autant plus efficaces pour prévoir celles-ci que les intervenants sur les marchés financiers les utilisent à leur tour. Il serait néanmoins abusif d'évoquer un processus de construction de modèles reproduisant artificiellement les variations des cours boursiers, dont les causes ultimes resteraient inexpliquées. La modélisation n'est pas assimilable à l'élaboration de métaphores à visée scientifique.

C – Plutôt une application des prophéties auto-réalisatrices

La formation des cours sur les marchés financiers dépend *in fine* des méthodes auxquelles les acteurs ont recours, parce qu'ils croient qu'elles sont susceptibles de les prévoir. Il s'agit donc, d'un point de vue épistémologique, d'artefacts mathématiques qui, s'ils n'expliquent pas véritablement la formation des cours des titres, permettent, dans certaines limites, d'en prévoir les évolutions.

Plus fondamentalement, cette élaboration des méthodes de valorisation des actifs peut être interprétée comme une application des prophéties auto-réalisatrices. Confrontés à un univers qu'ils ne comprennent pas ou qu'ils maîtrisent de manière insuffisante ou insatisfaisante, les acteurs finissent par adopter des comportements tels qu'ils induisent progressivement la survenue d'états de culture conformes à leurs attentes et à leurs espérances.

Les cours effectifs des actifs financiers finissent par tendre vers les valeurs prédites par les modèles utilisés pour les valoriser. Les marchés financiers ne correspondent à aucun état de nature. Leurs

202

mécanismes de fonctionnement sont intrinsèquement dépendants des technologies mises en œuvre pour les faire fonctionner.

Les marchés financiers contemporains n'ont pu se développer que grâce aux nouvelles technologies de l'information et de la communication. Les résultats qu'ils produisent, autrement dit les cours des titres financiers, sont la conséquence directe des méthodes utilisées pour les valoriser et des technologies qui rendent possibles leurs calculs.

3. Les cycles boursiers de long terme sont-ils favorables à la valorisation des entreprises ?

3.1 La fonction réelle des marchés financiers

A – *Un fonction de valorisation des actifs cotés*

La fonction primordiale des marchés financiers est la valorisation des actifs qui y sont cotés.

Même si la théorie économique postule que leur fonction première est de procurer des moyens de financement aux entreprises, la réalité est quelque peu différente. Le montant des capitaux propres levés après appel à l'épargne publique est relativement modeste, en regard aux fonds fournis par les banques et les marchés des titres de créances rémunérées par un taux d'intérêt.

De surcroît, la première source de financement des investissements demeure, et de très loin, l'autofinancement.

B – Mais les processus de valorisation des actifs ne sont pas toujours efficients

En revanche, les marchés financiers sont irremplaçables pour quantifier la valeur des titres cotés. Toutefois, la formation des bulles financières, qu'elles soient qualifiées de rationnelles ou d'irrationnelles, ne permet plus à ceux-ci de remplir leur fonction première de façon permanente. En conséquence, il existe des périodes pendant lesquelles les processus de valorisation des actifs ne sont plus efficients.

3.2 Le renouvellement du tissu des grandes entreprises

De surcroît, les systèmes économiques réels sont des dynamiques mues par un impitoyable processus de sélection darwinien. Il est courant d'opposer les principales entreprises de l'Euroland ou du Japon, la plupart ayant été créées lors de la seconde révolution industrielle, aux entreprises dominantes de l'économie américaine qui ont été créées beaucoup plus tardivement.

La réalité est, en fait, plus complexe, car les vieilles entreprises européennes ou japonaises sont soumises à un processus de transformation et de modernisation incessant, tandis que les entreprises américaines nouvelles sont parfois des « spinn-off » des anciennes entreprises, dont l'actionnariat réel est difficile à identifier derrière l'anonymat que les fonds d'investissements privés procurent.

Toutefois, il est indéniable que les entreprises qui bénéficiaient de la réputation la plus établie il y a quelques décennies ne sont plus les entreprises actuellement dominantes, du moins dans l'économie américaine. Ce renouvellement des acteurs économiques dominants aux États-Unis contraste avec la situation beaucoup plus stable, en apparence, des capitalismes européen et japonais.

3.3 Les tendances boursières à long terme

L'étude des variations boursières à long terme montre que les investissements à long terme en actions sont toujours plus performants que les investissements en titres rémunérés par un taux d'intérêt ou les autres actifs (immobilier, or).

Toutefois, cette croissance à long terme dépend de la date à laquelle les achats d'action ont été effectués :

- En moyenne, il faut attendre une durée de 10 ans pour retrouver les niveaux de valorisation maximaux des actions atteints avant l'éclatement des bulles financières, si l'on tient compte de l'ensemble des bulles financières s'étant formées sur le New York Stock Exchange pendant le siècle dernier.

- Le *price earning ratio* demeure un indicateur certes fruste, mais néanmoins très efficace, pour estimer la cherté d'une action ou d'une place financière. Depuis 130 ans, il s'élève en moyenne à 14,5 fois les bénéfices. Entre 1960 et 2000, il a monté à 15,3, si l'on prend pour référence le « standard & poor's 500 ». Ces données de long terme demeurent des repères fiables pour estimer la valeur actuelle des cours des actions.

- Par ailleurs, la relation inverse entre le P.E.R. et les taux d'intérêt à long terme a tendance à se vérifier sur la longue durée.

À retenir

✔ Il n'est pas certain que le développement des marchés financiers constitue une condition nécessaire pour stimuler le développement économique. Pendant la période abusivement dénommée les « trente glorieuses » (elle s'étendit au mieux entre 1948 et 1973), le rôle des marchés financiers dans le financement des économies européennes était secondaire. En revanche, leur montée en puissance coïncide avec une phase pendant laquelle les taux de croissance des économies tendent de nouveau vers les valeurs enregistrées pendant le trend séculaire de développement qui a été enclenché par la révolution industrielle.

✔ En revanche, les crises des marchés financiers, en particulier la résorption des bulles spéculatives, sont susceptibles de plonger les économies réelles dans de profondes récessions. La grande récession de 1929 a mis un terme à un capitalisme initialement faiblement réglementé. La crise de l'économie japonaise a pour principale origine la faillite de son système bancaire consécutive à la dépréciation des collatéraux qui garantissaient la valeur des prêts (celle-ci étant la conséquence de la chute spectaculaire des prix des terrains des biens immobiliers, ainsi que de celle des actions). En revanche, le krach rampant qui a caractérisé les marchés des actions à l'aube du troisième millénaire n'a entraîné que des conséquences limitées sur l'économie mondiale, à savoir un simple ralentissement temporaire de la croissance.

✔ Peut-être les agents économiques se sont-ils accoutumés à la flexibilité des prix sur les marchés des biens d'investissement, ce qui limite les conséquences induites par les effets de richesse (la hausse de leurs prix induisant un sentiment factice de prospérité chez leurs possesseurs) et par les effets d'appauvrissement (la baisse de leurs prix suscitant un sentiment contraire). Les ménages ont intégré dans leurs raisonnements les fluctuations normales des prix des biens dans lesquels ils investissent le produit de leur épargne. En conséquence, ces mouvements de prix n'ont que des incidences limitées sur les taux de croissance de l'économie réelle.

Conclusions

Timeo hominem unius libri
Je crains l'homme d'un seul livre

Cette pensée de Saint Thomas d'Aquin s'entend dans un double sens. Un homme ne connaissant qu'un seul livre mais à fond est un adversaire redoutable dans une joute oratoire. Mais l'époque moderne l'a interprétée dans un sens différent. Un homme qui ne croit qu'aux vérités contenues dans un seul livre est un individu incapable d'appréhender la réalité sous ses aspects divers et contradictoires, un idéologue borné et crédule.

Le développement économique repose sur l'investissement, autrement dit sur l'accumulation du capital. Mais chaque génération doit reconstituer le stock de capital qui lui permet de faire progresser son niveau de vie. Il serait erroné de postuler qu'il soit possible de capitaliser à l'infini les revenus que celui-ci procure. A moyen terme, il devient obsolète et est déclassé sur le plan technologique. C'est grâce à son renouvellement que l'expansion peut se poursuivre à moyen et à long terme.

1. La montée mal contrôlée de l'endettement

1.1 Les pièges de l'endettement

A – La dangereuse croissance du volume des actifs financiers

Il semble que les progrès de l'économie se traduisent par une tertiarisation croissante, et donc par une part toujours croissante de l'immatériel au détriment du matériel. La généralisation de l'économie des services est la forme la plus évoluée de l'ancienne économie industrielle.

Cette dématérialisation du P.I.B. doit-elle pour autant correspondre à une dématérialisation des moyens de paiement ?
La réponse est évidente avec la généralisation des paiements électroniques. En revanche, il n'est pas certain que les délais de paiement doivent indéfiniment s'allonger, autrement dit que la contrepartie monétaire des biens immatériels produits s'accompagne de leur paiement par des créances dont le terme de règlement est toujours plus éloigné dans le temps. Le développement de l'économie n'implique pas, en théorie, une augmentation du taux de liquidité de l'économie, autrement dit du rapport entre la masse monétaire et le P.I.B.

En revanche, la question cruciale pour la stabilisation des économies développées demeure l'évaluation des créances. Toutes les économies développées
sont confrontées à cette problématique et aucune n'est dotée d'une réglementation permettant de prévenir les excès spéculatifs.

La constante augmentation des ratios d'endettement

Les ratios d'endettement des différentes catégories d'agents économiques tendent à augmenter depuis près d'un quart de siècle, et si le rapport entre la capitalisation boursière et le P.I.B. a diminué récemment, c'est à la faveur de la résorption d'une bulle spéculative. Cette montée de l'endettement (que les créances soient titritisées, autrement dit qu'elles puissent s'échanger sur un marché de titres, ou non) est un processus inquiétant qui pose *in fine* la question de la solvabilité de l'ensemble des agents économiques (ménages, entreprises, organismes publics, intermédiaires financiers), et cela dans l'ensemble des pays du monde.

Cette hausse de l'endettement est d'autant plus problématique qu'elle ne sert que partiellement à financer des investissements de long terme.

Les déficits budgétaires des États correspondent davantage à des dépenses sociales (Euroland) ou à des dépenses militaires (États-Unis) qu'à des dépenses en capital. Quant aux économies en proie aux crises bancaires (Japon), leurs titres sont souvent gagés sur des collatéraux ayant perdu une grande partie de leur valeur. Enfin, l'économie des États-Unis joue le rôle de consommateur en dernier ressort, alors que les ménages nord-américains ont un taux d'épargne très faible et sont très fortement endettés (y compris pour le financement des dépenses courantes).

Or, historiquement, il n'existe que deux manières de réduire un endettement excessif : la cessation de paiements explicite ou la dépréciation de la valeur nominale des titres par l'inflation.

Depuis le second choc pétrolier, les pays de l'O.C.D.E. ont mis en œuvre des politiques macroéconomiques d'inspiration monétariste visant à éliminer l'inflation (du moins en ce qui concerne le marché des biens et services). Les taux d'intérêt sont devenus en moyenne positifs depuis près d'un quart de siècle, parallèlement à la montée inexorable des taux d'endettement.

La question demeure de savoir si ces équilibres sont soutenables à long terme, si les grandes économies mondiales peuvent continuer à boucler leurs circuits économiques et financiers sans avoir recours à l'ajustement le plus simple, à savoir la dépréciation de la valeur interne et externe de leur monnaie.

Compte tenu de la masse considérable des titres de créances accumulés, il est difficile d'imaginer que cette accumulation ne bute pas à un moment donné sur une certaine prise de conscience de l'insolvabilité croissante de l'ensemble des agents économiques, sauf à réduire la valeur réelle des titres de créance.

La décennie 90 s'est caractérisée par une croissance de l'endettement en Europe qui a permis de différer les ajustements requis par les présupposés monétaristes qui sous-tendent l'introduction d'une monnaie unique, au point d'oublier les antagonismes profonds qui opposent les créanciers aux débiteurs.

B – *La prise en compte des engagements financiers inhérents aux retraites*

Les pays de l'O.C.D.E. connaissent une révolution démographique sans équivalent dans l'histoire de l'humanité : une croissance continue de l'espérance de vie. Les taux de natalité y sont, par ailleurs, durablement bas, ainsi que dans nombre de pays d'autres continents qui ont achevé leur transition démographique, de manière spontanée ou contrainte.

212

La comptabilisation des droits acquis à la retraite est une question dont l'acuité va devenir de plus en plus problématique. La solution la plus simple consiste à occulter la constatation des charges futures et certaines que représentent les retraites. C'est le cas de l'ensemble des organismes publics qui tiennent des comptabilités de caisse qui constatent donc les mouvements de trésorerie, mais pas plus les charges à payer à l'avenir que les produits à recevoir.

Dans le cas des entreprises, il convient évidemment de dissocier celles qui sont tenues d'enregistrer des engagements relatifs au paiement des retraites futures de leurs salariés de celles qui se contentent de verser des cotisations à des organismes extérieurs (quitte à ce que ces charges augmentent dans l'avenir à cause du vieillissement de la population et de l'allongement de l'espérance de vie).

Les entreprises, devant constituer des réserves financières pour faire face au paiement futur des retraites, sont donc tenues d'abonder des fonds de pension, qu'elles gèrent directement ou dont elles délèguent la gestion à des organismes extérieurs.

Il existe deux grandes catégories de fonds de pension, ceux à prestations de retraite définis *ex ante* et ceux à versements déterminés, avec toutes les variantes intermédiaires possibles. Or, la constitution d'une bulle financière peut s'interpréter comme une inflation temporaire et réversible du prix des actifs.

La baisse du prix des actions a eu des conséquences importantes sur la capacité des fonds de pension à faire face à leurs engagements futurs. Il serait très intéressant d'étudier si les entreprises ont accru leurs versements pour compenser les pertes en capital consécutives à la baisse du prix des actions (surtout pour les fonds de pension qui ont accepté des engagements fermes en matière de retraites futures).

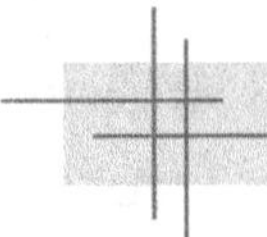

De grandes illusions relatives aux retraites par capitalisation

En effet, la hausse continue du prix des actifs donne l'illusion aux titulaires d'une retraite par capitalisation de la gratuité apparente de la constitution des réserves servant à payer les retraites futures (le coût en fait de cette inflation déguisée étant transféré sur les nouveaux entrants sur le marché des actions, qui acceptent de supporter le risque en capital sur des titres acquis à des cours très élevés).

Cette illusion doit être évidemment d'autant plus vivement combattue qu'il n'est pas possible d'anticiper les cours auxquels les titres seront réalisés pour assurer le paiement des retraites. Il est, en effet, peu probable que les seuls revenus procurés par ceux-ci seront suffisants pour faire face au versement des pensions.

Il convient tout de même de rappeler que l'arbitrage entre les régimes de retraite par répartition et les régimes de retraite par capitalisation reposent sur la notion d'écart critique, à savoir la différence entre le taux de croissance du P.I.B. et le taux d'intérêt.

C'est parce que les sociétés contemporaines anticipent des taux de croissance à long terme faible (et tout cas inférieurs à ceux de la période 1948-1973 et plus conformes aux trends séculaires de croissance) qu'elles ont mis en place des systèmes de retraite par capitalisation.

Mais la condition de leur viabilité à long terme suppose la préservation du capital physique accumulé (à savoir l'absence de guerre ou de catastrophe majeure) et un régime d'inflation très modéré (autrement dit une dépréciation contrôlée de la valeur nominale des titres de créance).

Inversement, si les taux de croissance des économies étaient plus élevés, les régimes par répartition seraient plus favorables (la forte croissance de la valeur ajoutée produite permettant de faire face aux dépenses de retraite).

Rappel historique

Il ne faut pas oublier que les régimes de retraite par capitalisation instaurés avant la Seconde Guerre mondiale ont été ruinés par les destructions que celle-ci a occasionnées et par les crises d'inflation. C'est la raison pour laquelle des régimes de retraite par répartition ont été créés à l'issue du second conflit mondial. Par chance, ceux-ci ont permis aux retraités de percevoir des retraites beaucoup plus élevées que la capitalisation des prélèvements sociaux opérés sur leurs rémunérations pendant toute la durée de leur vie professionnelle ne l'aurait permis, ce qui a été uniquement possible parce que la croissance de l'économie à partir de 1945 a été exceptionnellement élevée.

L'une des différences entre les régimes de retraite par répartition et ceux par capitalisation réside dans une conception apparemment antithétique du temps.

Dans un régime de retraite par répartition, les retraites sont un prélèvement sur les salaires qui s'opère au moment même où s'effectue le processus de production. Plus le système économique est efficace et productif, plus les retraites peuvent être élevées (surtout si les retraités disposent d'un pouvoir de pression efficace auprès de la population active).

En revanche, la valeur des retraites par capitalisation dépend de la stratégie d'investissement des gestionnaires, de la répartition entre les différentes catégories d'actifs et des performances des actions sélectionnées. En effet, la valeur des retraites est tributaire des résultats des économies et des entreprises pendant la durée intégrale des placements, qui correspond à la durée de la vie active des futurs retraités. Il s'agit donc de performances à long terme, évidemment impossibles à anticiper sur trente ou quarante ans.

La valeur des placements à une telle échéance est peu prévisible et, si l'on devait généraliser les retraites par capitalisation, autrement dit faire supporter par les entreprises actuellement en activité l'ensemble des charges de retraite à verser à leurs salariés pendant la durée future de leurs retraites, il est probable que leurs capitalisations boursières actuelles seraient quasiment nulles.

Le raisonnement est certes spécieux, au sens où les engagements de retraite doivent être provisionnées année après année et il est absurde de vouloir faire supporter par le système productif d'une année donnée des charges qui ne deviendront effectives que dans plusieurs décennies et dont le paiement sera étalé sur la durée totale des retraites, alors que celui-ci aura été soumis à des transformations radicales.

> Qu'il s'agisse des régimes de retraite par capitalisation ou par répartition, la meilleure garantie que l'on peut accorder aux futurs retraités réside dans les progrès de productivité des entreprises et du système économique dans sa globalité, et donc dans la croissance future des économies, même si les flux sont capitalisés tout au long de leur vie professionnelle.

Ce qui importe *in fine*, c'est la situation économique et financière des systèmes économiques à la date à laquelle les personnes actives peuvent faire valoir leurs droits à la retraite.

Prudence : ne pas déroger au principe de la diversification des risques

Les anciens salariés d'entreprises ayant fait faillite l'auront appris à leurs dépens, si leurs fonds de pension ont été insuffisamment abondés et diversifiés. Il est vrai que les gestionnaires des fonds de pension gérés directement par l'entreprise peuvent succomber à la tentation de les alimenter en actions de cette même entreprise. C'est la raison pour laquelle il est dangereux que les salariés fassent l'acquisition d'une part trop importante du capital de la société qui les emploie, ce qui est contraire à tout principe de diversification des risques.

1.2 La réhabilitation paradoxale de l'analyse fondamentale et des analystes financiers

L'étude des différentes bulles financières qui ont jalonné l'histoire boursière montre que non seulement l'ensemble des principales capitalisations boursières n'enregistre pas une hausse homogène, mais que celle-ci se concentre sur les quelques secteurs qui sont considérés comme susceptibles de modifier radicalement la structure économique qui prévalait jusqu'alors.

Exemple

Les valeurs du secteur « Télécommunications Médias Technologies » ont largement amplifié les variations à la hausse comme à la baisse des marchés d'actions pendant la période 1995-2003. En revanche, les actions des autres secteurs ont connu des parcours diversifiés.

Cette évolution contrastée des cours des actions, et en particulier des principales capitalisations boursières, réhabilite un style de gestion des portefeuilles fondé sur l'analyse fondamentale des titres, et non pas des styles de gestion se contentant de suivre les conventions dominantes du marché.

Ce retour à une approche « fondamentaliste » permet de souligner une tendance trop souvent passée sous silence.

En période de hausse continue des cours, la rémunération des actionnaires est principalement constituée par les plus-values en capital, les dividendes étant considérées comme une rémunération de second ordre. De surcroît, une baisse du taux de distribution des dividendes a été constatée pendant les années d'exubérance boursière. En revanche, en période de baisse ou de stagnation des cours boursiers, la politique de versement des dividendes revient au premier plan, puisqu'ils constituent une part importante du rendement des actions.

Non seulement, les analystes financiers doivent se montrer sélectifs pour identifier les valeurs de croissance dans un contexte boursier dépressif dans lequel la volatilité des titres tend à décroître, mais encore se focaliser sur l'analyse de la rentabilité pour discerner les actions susceptibles de fournir les rendements les plus élevés.

Des trends dominants stagnants ou baissiers soulignent les limites des politiques d'immunisation du risque en capital par les stratégies de mutualisation et de neutralisation (la plus simple consistant à diversifier les portefeuilles en répliquant les principaux indices boursiers).

1.3 Le transfert du risque en capital à de nouveaux investisseurs

La crise des marchés des actions a rappelé aux agents économiques l'importance du risque en capital. D'une certaine manière, cette crise a mis en évidence les limites de la créativité financière et les risques inhérents aux techniques d'ingénierie financière qui sont susceptibles d'opérer la transvaluation des créances, autrement dit de transformer des titres de créances en droits de propriété, donc des dettes en actions.

Les modifications de la structure de l'actionnariat permettent de comprendre les évolutions qui caractérisent la propriété des entreprises au niveau mondial. Cette transformation des modalités de capitalisme permet d'infirmer dans une certaine mesure l'approche structuraliste des systèmes financiers nationaux, qui postule que ceux-ci constituent une partie intégrante de l'identité socio-économique des différents pays et qu'ils ne connaissent que des évolutions à la marge (les nations comme les systèmes financiers étant fondamentalement rétifs à toute perspective de changement).

A – Le déclin de la banque industrie

Le premier enseignement de cette crise est le déclin du système de la « banque industrie ».

Les banques qui jouent simultanément le rôle de prêteurs aux entreprises et d'actionnaires, donc les banques qui exercent une double fonction de bailleurs de fonds auprès des entreprises, caractérisent les deux systèmes nationaux de financement qui traversent les crises les plus aiguës, à savoir le Japon et l'Allemagne. La capacité de nouer à long terme des liens privilégiés entre le monde industriel et le monde financier a longtemps été considérée comme un des paramètres expliquant les remarquables performances économiques des deux principaux États vaincus à l'issue du second conflit mondial.

Cette collusion supposée des intérêts entre la communauté financière et la communauté industrielle a permis de développer un mode original de financement des entreprises dans lequel les banques se croient les maîtresses du jeu, puisqu'elles alimentent les entreprises en fonds propres et en capitaux empruntés à moyen et long terme, alors qu'en réalité, leur statut financier est tributaire de celui de leurs clients.

Cette inversion des rapports de dépendance explique la fragilité des banques qui sont tenues d'accroître leurs engagements si les entreprises clientes connaissent des difficultés. Les cas allemand et japonais montrent *a contrario* l'importance que les marchés financiers sont amenés à jouer dans l'évaluation des performances des entreprises cotées. La surveillance des investisseurs extérieurs oblige les dirigeants des entreprises à expliquer leurs politiques à leurs actionnaires et à rendre des comptes au sens propre et figuré du terme.

En cette matière, il faut éviter toute position extrême. Indexer la qualité d'une stratégie économique sur la variation des cours des actions est une absurdité à court terme dans la mesure où la formation des cours est surdéterminée par un ensemble d'autres facteurs.

En revanche, dans une perspective de moyen terme, la comparaison des parcours boursiers des entreprises cotées appartenant à un même secteur révèle le jugement que la communauté des investisseurs porte sur les politiques menées par leurs dirigeants.

■ Le jugement des marchés financiers s'avère plus lucide à moyen terme que celui des banquiers entretenant des rapports structurellement ambivalents avec leurs entreprises clientes. D'une part, ils cherchent à maximiser les prélèvements qu'ils opèrent sur leurs débiteurs. D'autre part, ils sont supposés contrôler leurs engagements pour minimiser les risques de crédit.

■ Le jugement des marchés financiers s'avère également beaucoup plus lucide à moyen terme que le contrôle exercé par les autorités publiques de tutelle lorsqu'il s'agit d'entreprises nationalisées. Malgré les dysfonctionnements qui ont caractérisé les marchés financiers ces dernières années, il ne faut pas oublier que les systèmes alternatifs de financement (système de la banque-industrie, contrôle des entreprises nationalisées par des autorités de tutelle d'État) se sont avérés aussi peu fiables et de nature à générer des sinistres d'ampleur comparable, voire supérieure.

B – Les partenaires de substitution

Si ni les banques, ni l'État ne peuvent jouer le rôle d'actionnaire privilégié, il convient de trouver des partenaires de substitution. Le transfert de risque en capital va s'opérer au profit de trois catégories d'agents économiques.

■ La population des actionnaires individuels ou achetant des parts d'organismes publics de gestion collective de l'épargne (dont les fonds de pension) a fortement cru depuis deux décennies. Cette population n'est pas, en général, suffisamment organisée pour être en mesure de jouer un rôle décisif dans le contrôle et la gouvernance des entreprises. Néanmoins, l'actionnariat populaire demeure indispensable pour assurer aux entreprises l'existence d'un véritable marché pour leurs titres. C'est cette population qui est amenée à supporter la plus grande partie du risque en capital, quitte à céder les titres acquis lorsque leurs parcours boursiers et leurs perspectives de rentabilité sont décevants.

■ Les fonds d'investissement privés sont amenés à remplir une fonction croissante dans la recomposition de l'actionnariat des entreprises. Il s'agit en fait de regroupement d'actionnaires individuels et d'investisseurs institutionnels qui manifestent leurs intérêts pour une entreprise donnée et qui entendent jouer un rôle déterminant dans la nomination des dirigeants, voire sont parfois en mesure de définir directement la politique des entreprises dans lesquelles ils ont acquis des participations, majoritaires ou non. Les marchés financiers restent peu adaptés aux petites et moyennes entreprises, dont le marché des titres est trop étroit, ce qui le prédispose à toutes les déstabilisations et manipulations des cours possibles.

■ Les compagnies d'assurances demeurent des investisseurs institutionnels importants puisqu'elles sont tenues de constituer des réserves techniques. Or, les titres de créances rémunérés par un taux d'intérêt présentent depuis des années des niveaux particulièrement bas dans un contexte de désinflation généralisée. Elles sont donc d'autant plus tentées d'accroître leurs revenus en achetant des actions.

Certes, elles ont subi de plein fouet le choc de la baisse des marchés d'actions comme en témoignent leurs parcours boursiers plutôt médiocres comparativement à celui des banques. De plus, il s'avère qu'elles sont amenées à se porter « vendeurs de protection » en acquérant des dérivés de crédit (elles représenteraient un tiers du marché des acheteurs de risques, à égalité avec les banques).

Elles jouent en quelque sorte un rôle croissant de réassureur de crédits auprès des banques qui parviennent ainsi à mieux maîtriser les risques de crédit que les grandes entreprises leur font courir. Leurs besoins de financement expliquent en grande partie la hausse des cotisations qu'elles ont récemment imposées à leurs assurés.

Le risque en capital demeure celui qui est le plus difficile à maîtriser. Les techniques de l'ingénierie financière externalisant les risques pour améliorer la structure financière apparente des entreprises ne sont que des manœuvres dilatoires de court terme destinées à masquer la réalité de leur statut financier.

La crise des marchés financiers a rappelé aux investisseurs le coût réel du capital. La réintégration des passifs hors bilan et la réduction de l'endettement ne peuvent pas être éternellement différées. Surtout, les opérations d'investissement en capital comportent des risques difficilement maîtrisables. Les fonds de capital-risque ont réappris qu'il était très difficile de procéder à des introductions en Bourse dans des contextes boursiers baissiers ou stagnants.

Les investisseurs européens ont fini par comprendre que les États-Unis étaient confrontés à un déficit chronique d'épargne. Les sociétés européennes se sont, en effet, massivement portées acquéreurs d'actions d'entreprises de haute technologie créées aux États-Unis, sans prendre le temps de procéder au préalable à des audits technologiques, qui auraient mis en évidence la faiblesse ou l'inconsistance de certains « business plans ». Elles ont, *in fine*, contribué à financer, à leurs dépens, le déficit de la balance courante des États-Unis.

Mais l'asymétrie d'information qui existe entre la direction d'une entreprise et ses bailleurs de fonds extérieurs demeure une des principales zones d'incertitude qui caractérisent les relations entre une organisation et son environnement.

2. Le retour au principe de réalité

On ne peut jamais s'abstraire du principe de réalité.

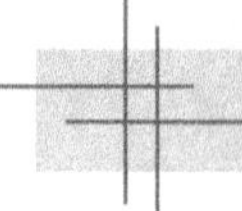

Un retour au réel salvateur

Le rôle de la relation marchande dans la cure psychanalytique, le paiement en argent si possible liquide à la fin de chaque séance, est une absolue nécessité, car c'est le plus brutal des retours à la réalité possibles après avoir plongé dans le monde de l'irréel et du fantasque, après un détour plus ou moins complaisant dans l'imaginaire, après s'être adonné à des confessions plus ou moins sincères visant à diluer la propre responsabilité de l'analysé.

On ne triche jamais avec le principe de réalité, pas plus que l'on ne peut tricher avec la dure réalité des données comptables et financières.

Il est vain de croire que les mécanismes psychologiques qui ont permis l'apparition des bulles spéculatives ne sont pas susceptibles de se reproduire. Il suffit d'attendre que les acteurs des marchés financiers en aient perdu la mémoire ou refoulé le souvenir.

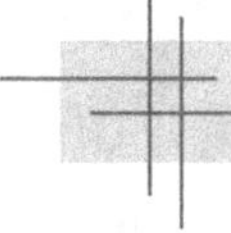

Le caractère spéculatif des hausses immobilières

Du reste, la survalorisation des actifs immobiliers depuis plusieurs années est imputée à une demande supérieure à l'offre disponible en logements. Mais il s'agit d'une rationalisation visant à rapporter cette hausse à des données économiques fondamentales en négligeant trois autres aspects de la question qui tendent à souligner le caractère spéculatif de cette hausse :
- Le parc des logements vides et non loués est considérable dans les grandes villes ;
- Une politique monétaire trop accommodante permet à des ménages d'accéder à la propriété de leurs logements,

224

> mais leur solvabilité sera compromise s'ils ont souscrit à des emprunts à taux variables en cas de remontée des taux ;
>
> - Une partie de la demande en logements émane de locataires peu ou pas solvables, et en fait résulte de l'insuffisante construction des logements sociaux depuis une décennie.

Il est toujours déplaisant de ramener l'évolution des paramètres économiques aux phénomènes fondamentaux qui les déterminent, indépendamment des effets de mode ou des illusions auxquels les acteurs sont d'autant plus empressés de succomber qu'ils servent leurs intérêts.

2.1 Le processus de retour à des niveaux raisonnables de valorisation des actions

Ce processus du retour à des niveaux raisonnables de valorisation des actions emprunte trois voies bien distinctes :

1) **La première voie** est le retour de l'histoire en sa signification la plus profonde, à savoir une tragédie sans cesse recommencée et sans fin. Il n'y a pas plus de fin de l'histoire que de marche triomphale vers un avenir radieux. Le fondement de l'histoire réside dans des affrontements incessants mais discontinus entre civilisations, même s'ils sont suscités par des groupes minoritaires, qui ne sont à un moment donné que les porte-parole des masses silencieuses, mais lasses de la position d'éternel vaincu que leur assignent les rapports de force mondiaux.

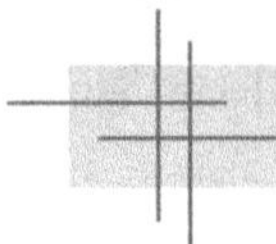

Un constat désabusé

Dans une lettre adressée à SIGMUND FREUD durant la Première Guerre mondiale, son disciple SANDOR FERENCZI lui livre le constat désabusé suivant. « Quelle est la cause des guerres ? Nous pouvons répondre sans hésiter : la nature humaine. Et pourquoi cet état de choses continue-t-il ? Parce qu'elle en a encore besoin et le désire avec ténacité. Pour cette humanité qui est en guerre aujourd'hui, la guerre en réalité est son « Normalzustand », son état naturel, et je peux ajouter que la majeure partie de l'humanité est relativement à son aise dans cette forme de vie ». Instruit par l'expérience de la Première Guerre mondiale, Freud renoncera à l'optimisme scientiste de ses premières modélisations de l'âme humaine et y introduira une pulsion de mort en contrepoint à la pulsion de vie.

L'avenir de l'humanité n'est en aucun cas assimilable à ce paradis des nouvelles technologies accessibles à l'ensemble de la population mondiale que la dernière décennie du XXe siècle avait laissé entrevoir.

2) **La deuxième voie** empruntée par ce retour au principe de réalité est le rappel fondamental que l'homme dépend de son environnement et que « l'histoire humaine n'est que la série des défis qu'elle a dû relever », selon l'analyse optimiste de l'historien ARNOLD TOYNBEE.

Les systèmes économiques sont confrontés à deux défis majeurs interdépendants : la crise énergétique et le réchauffement de la planète. Des solutions qui seront apportées pour résoudre ces questions dépend la valorisation future des actifs financiers.

Sur quelles bases estimer les actions pétrolières ?

A cet égard, il serait intéressant de savoir sur quelle base il convient d'estimer les actions des sociétés pétrolières.

- Si l'on adopte une vision de court terme, les résultats financiers excellents résultant de la hausse des cours du pétrole devraient suffire pour susciter une forte hausse des cours ;
- Si l'on adopte une vision de moyen terme, la valeur des actions pétrolières devrait être indexée sur les réserves effectives que les sociétés pétrolières sont en mesure d'exploiter dans des conditions économiques compatibles avec la poursuite de la croissance de l'économie mondiale ;
- Si l'on adopte une vision de long terme, il est évident que les réserves pétrolières sont vouées à s'épuiser d'ici plusieurs décennies et donc que la valeur des sociétés pétrolières est tributaire des investissements qu'elles réalisent dans le domaine des énergies alternatives.

3) **La troisième voie** est directement dérivée des deux considérations précédentes. On constate qu'en général les actions des entreprises américaines sont plus chères que les actions des entreprises de l'Euroland.

Certes, les systèmes économiques sont relativement dissemblables, mais la différence majeure réside dans des stratégies d'innovation différentes. Il est difficile de disposer d'indicateurs synthétiques mesurant la compétitivité d'une économie et se prêtant à une interprétation non équivoque, comme la productivité apparente, l'évolution des parts de marché, le taux d'investissement, la rentabilité comparée des industries ou l'âge moyen du stock de capital productif. Mais la conclusion est bien connue.

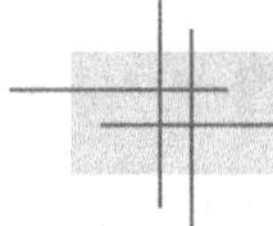

Trois stratégies d'innovation

- L'Union européenne dispose d'industries compétitives dans les secteurs parvenus à maturité et dont la dynamique de croissance repose sur les innovations d'accumulation (moyens de transport, aviation civile, biens d'équipement professionnels, agroalimentaire, biens de consommation courante, construction).

- Les États-Unis sont plus ou moins présents dans tous les secteurs, mais ont adopté une stratégie particulière fondée sur les innovations destructrices des équilibres antérieurement atteints ou de rupture. Ils développent prioritairement les industries à haute valeur ajoutée et à forte croissance (industries de l'information et de la télécommunication, biotechnologies, productions dérivées du complexe militaro-industriel). Leur domination sans pareille dans la recherche appliquée n'est que la conséquence de la stratégie de croissance qu'ils mettent en œuvre.

- Le Japon, pour sa part, est placé devant un dilemme stratégique. S'il reste très compétitif dans l'industrie automobile, il investit des sommes considérables pour donner une nouvelle impulsion à ses industries électroniques, malgré la crise – essentiellement de nature financière – dont il pâtit (les exportations du Japon sont concentrées sur un nombre restreint de branches et demeurent le principal vecteur de développement de son économie).

Quant aux services (santé, éducation, logistique, secteur financier et assurantiel, infrastructures de transport, communication, loisirs et tourisme), ils peuvent être considérés comme des facteurs environnementaux destinés à renforcer la compétitivité du secteur secondaire : leurs progrès sont tributaires *in fine* des avancées réalisées par leurs fournisseurs industriels. La société post-industrielle est fondée sur l'application des méthodes industrielles au secteur des services.

2.2 La spécialisation des économies

La question de la spécialisation des économies permet d'apporter un éclairage complémentaire sur les efforts consentis dans les activités de recherche :

- La part des dépenses publiques de recherche et développement (et donc consacrées principalement à la recherche fondamentale) n'est pas significativement différente aux États-Unis et dans l'Union européenne.

- En revanche, la part des dépenses privées de recherche et développement (et donc consacrées principalement à la recherche appliquée) est nettement supérieure aux États-Unis.

Cela s'explique par la spécialisation respective de ces deux ensembles économiques. L'Union européenne est dominante dans les industries parvenues à maturité. Ces dernières exigent un effort en recherche et développement pour maintenir leur compétitivité moindre que les industries nouvelles de haute technologie, dont la logique de développement repose précisément sur la recherche et l'innovation. Les dépenses de recherche et développement y sont beaucoup plus importantes.

Malgré les apparences, un schéma bien connu

Une des raisons expliquant l'échec de nombreuses « start-up » de la nouvelle économie réside dans leur création prématurée, à savoir le financement par des capitaux privés d'activités de recherche n'ayant pas encore débouché sur une innovation susceptible de répondre à une demande solvable.

> En ce sens, loin de constituer une anomalie dans l'histoire des faits économiques, le développement des technologies de l'information et de la communication a reproduit un schéma que l'on a déjà observé lors de la diffusion d'innovations majeures au sein du tissu économique (sélection darwinienne des entreprises dominantes, formation d'une bulle financière, appropriation *in fine* des nouvelles techniques par la majorité des consommateurs et banalisation des innovations).

Si les actions des entreprises des États-Unis sont mieux valorisées en moyenne que les actions des sociétés de l'Union européenne, c'est parce qu'elles disposent d'un potentiel de croissance interne supérieur. Les fonds de pension d'origine nord-américaine détiennent une part importante de la capitalisation boursière des places boursières européennes, malgré un taux d'épargne des ménages particulièrement bas.

Et pourtant, certains scénarios pessimistes, se fondant sur les concentrations industrielles constatées en Europe depuis plusieurs années, indiquent que d'ici vingt ans, plus de la moitié des grandes entreprises européennes aura été rachetée par leurs homologues étrangères, ces dernières bénéficiant des rentes que leur procurent leurs avances technologiques.

En général, les stratégies des entreprises européennes sont davantage tournées vers l'optimisation de la répartition spatiale de leurs activités, tandis qu'elles sont moins focalisées sur le développement de nouveaux projets à haute intensité technologique. Elles se sont prises au jeu de la globalisation de l'économie, oubliant que les stratégies de croissance externe ne sauraient pallier la faiblesse de leur potentiel de croissance interne.

La politique d'innovation insuffisante des grandes entreprises européennes se traduira à terme par une domination financière des entreprises étrangères, en particulier nord-américaines, en raison de leur suprématie technologique, et ce, malgré la détérioration permanente de la position financière externe des États-Unis.

Index